먼먼 훗날 어디에선가 나는 이야기할 것입니다.
"숲 속에 두 갈래 길이 있었다고,
나는 사람이 덜 다닌 길을 택했노라고,
그리고 그것이 내 인생을 이렇게 바꿔 놓았다고…"
말입니다.

로버트 프로스트(Robert Frost, 1875~1963)

CONTENTS

머리말
책을 쓴 동기/ 9
내 인생에 있어서 자기 기업화/ 11
프로로서의 생활에 응용/ 14
자기 기업화의 사회사업 적용/ 16
국경을 넘어/ 18
자기 기업화의 교육기관인 메티조/ 21
누구를 위한 자기 기업화인가?/ 24
이 책에서 인용한 사례/ 27

서론 : 단 한번뿐인 인생이니까
자기 기업화 시대의 도래/ 31
자신의 기업 만들기/ 37

본론
Step 1 : 자신을 아는 것으로부터
본래의 자기란/ 43
개인과 인간/ 46
엔터프라이즈(기업, 경영, 시도)의 의미/ 48
고용보장으로부터 고용가능성과 자기 기업/ 50
기업정신을 실천한다/ 52

CONTENTS

Step 2 : 자신의 꿈을 분명히
좋은 삶이란/ 61
인생의 틀 짜기/ 63
좋은 삶의 철학/ 68
오늘날 사회에서 좋은 삶이란/ 71
인생의 경영목표로서 좋은 삶/ 73

Step 3 : 시장을 잘 이해한다
자기다움이라는 정체성/ 81
자기다움을 쌓는다/ 85
자기 이미지를 투영한다/ 95
마케팅은 위치 매기기/ 102

Step 4 : 인적 자본을 더 풍부히
당신이라는 인적 자본/ 109
인적 자본이란? / 111
자신의 가격을 정한다 / 116

Step 5 : 자신의 활동을 관리한다
활동의 포트폴리오 / 123
다섯 종류의 일/ 126
포트폴리오 속의 활동을 정리하자/ 129
에너지를 관리한다/ 132
가정과의 밸런스를 맞춘다/ 134

CONTENTS

Step 6 : 인생의 단계별 계획
단계별 인생/ 139
라이프 사이클의 변화/ 148
제1차 인생활동기(18~30세)/ 150
제2차 인생활동기(31~45세)/ 152
제3차 인생활동기(46~75세)/ 155

Step 7 : 마음을 수련하자
노동, 교육, 레저의 삼위일체/ 163
레저와 학습활동/ 166
여가중의 학습/ 168
행동하는 주체로서의 측면/ 171
새로운 문화적 에너지/ 173
계속되는 레저를 위한 학습/ 175

맺음말 : 자기 기업의 사회/ 179

부록 : 메티조(Metizo)의 이념/ 191

역자보론 / 201

머리말

오늘날은 세계 정세에 능동적으로 적응하고, 자신을 개발, 발전시켜 나갈 것을 요구한다. 따라서 미래에는 기업사회가 어떻게 변화해 갈 것인가를 예상하여 스스로의 지식과 재능을 활용함으로써 변화에 편승하려는 노력이 필요하다.
그리고 이러한 전환기를 호기로 활용할 수 있는 능력을 지니는 것 또한 자기 진로 선택에 매우 중요한 요소가 되는 것이다.

책을 쓴 동기

나는 오래 전부터 개인이 기업가 정신을 갖는 것- 자신의 기업화(The Enterprise of Self)- 에 대한 구상을 하면서, 셀프 컴파니의 필요성을 강조해 왔다. 하지만 이러한 창업동기에 관한 이론은 일반인들에게 익숙하지 않고, 처음 받아들이는 사람들에게 일종의 충격으로 작용할 수 있었다. 그러나 90년대 이후 미국에서 시작된 다운 사이징, 슬림화, 구조조정 등의 기업감원의 선풍이 구라파를 경유하여 아시아에 불어 닥쳐 전통적인 종신고용 관념은 사라지고 자신의 일을 해야 한다는 인식이 확산되었다.

이 책의 주요 테마인 자신을 기업화 한다 라고 하는 것은 아시아 국가처럼 조직을 중시하여 개인이 조직의 일부로서 작용하거나 혹은 개인보다는 조직에 비중을 부여해 온 사회에서는 다소 생소하게 받아 들여 질 수 있다. 지금까지 기업사회에서 강조되어 온 샐러리맨이라는 단어의 개념을 생각해 보면, 직장 안에서 자신이 어떤 일을 해야 하고, 이 일을 어떻게 개발시켜 나가야 할 것인지를 결정해야 한다.

그래서 이와는 다른 태도, 예컨대 인생 항로를 결정하는 데 있어서 개인의 책임을 강조하는 것이나, 회사가 적당한 기회를 제공하지 않을 때, 회사를 그만 두는 것은 배은망덕하거나 부적절 한 것으로 여겨졌다.

최근 수년간, 거품경제 붕괴와 IMF 이후 사회는 급속도로 변화하여 새로운 조류에 따라 사람들은 역할을 위임 받는 기업 세계에 대해 환멸을 느끼고, 자아에 대한 발상을 모색하고 있다는 생각이 강하게 들었다. 그들은 자신의 진로에 대한 선택이나 인생을 회사에만 맡기는 것을 지양하고, 자신의 경력은 자신이 쌓으며 게다가 직장에서 일하는 것이 삶의 전부는 아니라는 것을 절실히 느끼기 시작했다.

이러한 풍조는 여성들과 젊은 세대에서 뚜렷하게 나타나고 있다. 〈셀프 컴파니, The Enterprise Of Self〉라는 이 한 권의 책은 이론적이거나 특정사회에 대한 충고를 목적으로 하는 지침서가 아니다. 나는 양식 있는 지식인으로 경제활동에 종사하는 모든 사람들과 특히 경영관리자, 학생들, 부모의 입장에 있는 많은 분들에게 21세기 새로운 경제체제 속에서 인생전략을 세우는 데 있어 도움이 되길 바라며 이 책을 쓴 것이다.

프랑스 마르세이유경영대학

보브 오브리

책을 쓴 동기

> 자신의 진로에 대한 선택이나 인생을 회사에만 맡기는 것을 지양하고, 자신의 경력은 자신이 쌓으며 게다가 직장에서 일하는 것이 삶의 전부는 아니라는 것을 절실히 느끼기 시작했다고 생각한다.

나는 오래 전부터 개인이 기업가 정신을 갖는 것 - 자신의 기업화(The Enterprise of Self) - 에 대한 생각을 하면서 친구들에게 종종 나의 생각에 대한 이야기를 했었다. 하지만 친구들이 나의 이야기를 받아들이는 과정을 지켜보면서, 이런 식의 접근방법은 일반인들에게 익숙하지 않은 것이었고, 뿐만 아니라 처음 받아들이는 사람들에게 일종의 충격으로 작용할 수 있다는 생각을 가지게 되었다.

이 책의 주요 테마인 '자신을 기업화한다'라고 하는 것은 아시아 국가들처럼 조직을 중시하여 개인이 조직의 일부로서 작용하거나 혹은 개인보다는 조직에 비중을 부여해 온 사회에서는 다소 생소하게 받아들여질 수 있다. 특히 지금까지 기업사회에서 강조되어 온 샐러리맨이라는 단어의 개념을 생각해 보면, 샐러리맨은 직장 안에서 자신이 어떤 일을 해야 하고, 이 일을 어떻게 개발시켜 나가야 할 것인지를 기업 안에서 결정하는 인자로 파악할 수 있다.

그래서 이와는 다른 태도, 예컨대 인생항로를 결정하는 데 있어서 개인의 책임을 강조하는 것이나 회사가 적절한 기회를 제공하지 않을 때 회사를 그만두는 것은 배은망덕하거나 부적절한 것으로 여겨졌다.

그러나 최근 수년간, 경제의 침체요인이 되고 있는 거품경제 붕괴와 IMF 이후 경제·사회와 문화가 급속도로 변화하는 새로운 모습을 여실히 보여 준다.

이러한 조류에 따라 사람들은 역할을 위임받는 기업세계에 대해 환멸을 느끼고, 자아에 대한 새로운 발상을 모색하고 있다는 생각이 강하게 들었다. 그들은 자신의 진로에 대한 선택이나 인생을 회사에만 맡기는 것을 지양하고, 자신의 경력은 자신이 쌓으며 게다가 직장에서 일하는 것이 삶의 전부는 아니라는 것을 절실히 느끼기 시작했다고 생각한다. 이러한 태도는 특히 오늘날의 여성들과 젊은 층의 세대에서 뚜렷하게 나타난다.

「단 한번의 인생 이렇게 산다, THE ENTERPRISE OF SELF」라는 이 한 권의 책은 이론적이거나 특정사회에 대한 충고를 목적으로 하는 지침서가 아니다. 나는 양식 있는 지식인으로 경제활동에 종사하는 모든 사람들과 특히 경영관리자, 학생들, 부모의 입장에 있는 많은 분들에게 21세기 새로운 경제체제 속에서 인생전략을 세우는 데 있어 도움이 되길 바라며 이 책을 쓴 것이다.

내 인생에 있어서 자기 기업화

그 당시 '위험을 감수하더라도 모험심을 가지고 이상을 향하여 초지일관 면학의 길을 갈 것인가', 그렇지 않으면 '호구지책을 위해 평범한 가장으로 생활하며 지낼 것인가'하는 선택의 기로에서 나는 소외감과 고독감으로 인한 고통 속에서도 좁은 문을 택하리라는 용기를 내게 되었다.

자기 기업화라는 나만의 철학은 나의 경험에서부터 시작되었다. 사람이 다른 문화에 적응해서 산다는 것은 쉬운 일이 아니다. 내 경우는 미국에서 혼자 프랑스로 건너와 살면서 느끼게 된 문화적 충격들이 나의 가치관과 행동패턴에 끊임없는 의문을 제기하게 되었고, 그 결과 이 모든 것들을 다시 세워 나가며 생활하게 되었다.

이렇게 설명하고 보니 이상한 느낌이 들지도 모르지만, 나는 사실 돈 한 푼 없이, 변변한 직업 하나 없는 신세로 프랑스로 건너왔다. 이렇게 지낸다는 것은 정말 고통스러운 일이었지만 지금 와서 생각해 보면 나를 성숙하게 만드는 계기가 된 듯 싶다.

나는 가난한 학생으로 독일의 외국어 학교에서 지금의 아내를 만나 프랑스에서 결혼하게 되었다. 주머니에는 겨우 200달러밖에 없었고, 캘리포니아 대학 재학 당시 학비로 빌린 8,000달러의 대여장학금의 부채가 있었다. 게다가 나는 파리 대학에서 철학공부를 계속하고 싶었기 때문에, 밤에도 휴일에도 쉴

틈 없이 돈을 벌어야만 했다. 프랑스에 이민온 지 9개월 후, 나는 단돈 10달러를 가지고 결혼했다. 그러나 아내와 처갓집에서는 가진 건 빚밖에 없는 나를 따뜻하게 돌봐 주었다.

파리에서 처음 1년 동안은 지난 수백 년간 외국유학생들이 그래 왔듯이, 종종 빈배를 움켜쥐고 추운 파리의 거리를 걸어다녀야 했다. 선생이 되고 싶지 않았기 때문에, 철학공부를 마친 후에 장래 내 운명이 어떻게 될지 짐작도 할 수 없었다. 더구나 내 자신이 앞으로 어떠한 삶의 방식을 모색해야 할 것인지에 대한 감조차 잡지 못하고 있었다.

그러나 그 당시 '위험을 감수하더라도 모험심을 가지고 이상을 향하여 초지일관 면학의 길을 갈 것인가', 그렇지 않으면 '호구지책을 위해 평범한 가장으로 생활하며 지낼 것인가' 하는 선택의 기로에서 나는 소외감과 고독감으로 인한 고통 속에서도 좁은 문을 택하리라는 용기를 내게 되었다.

나의 인생을 회고해 볼 때, 12살 어린 나이에 아버지를 잃고 일찍부터 스스로의 힘으로 살아야 했던 내 삶의 배경이 나로 하여금 내 상황을 개척하며 살아야 한다는 자립심을 길러 주었던 것 같다.

> 이 때문에 나는 다른 유복한 친구들보다 학교 선생님들의 영향을 많이 받으며 성장하였다. 또한, 프랑스에서 철학공부에 정진하던 기간에 만나 나에게 합기도를 가르치신 마사미치 노로 (Masamichi Noro) 선생님은 내 장래를 위한 가치 있는 지원을 아끼지 않으셨다. 이런 배경이 나의 결정의 과정에 커다란 영향을 미쳤던 것이다.

나중에 나는 세 아이의 아버지로서 나의 철학을 아이들의 양육에 적용했다. 물론 아이들이 어릴 때에는 확고한 가정적

지원을 아끼지 않았고, 프랑스 사회의 정상적인 사회활동 및 스포츠활동에 등록하여 참여할 수 있도록 하였다.

아이들이 느낀 안정감은 그들의 양육에 전념하고 있는 내 아내로부터 유래한 것이었다. 또한 우리가 소도시에 거주했고, 아이들의 프랑스계 외조모가 아이들과 지속적으로 대화했다는 사실은 그들에게 자신감을 심어 주었다. 그러나 안정감과 보호도 지나치면 좋지 않을 것이라 생각하게 된 아내와 나는, 아이들이 고등학교를 마칠 때쯤 하나의 제안을 했다.

"프랑스를 제외하고 너희들이 원하는 나라로 가서 공부해라."

당시 세 명의 아이들은 부모의 보호 아래 안정된 환경을 벗어나고 그들의 여러 친구들과 헤어지는 것이 싫어 거부했지만, 우리는 아이들이 변화에 적응할 수 있도록 키워왔다. 큰아들이 중국의 호텔에서 여름 아르바이트를 한 것이 17살 때였고, 딸이 텍사스로 여름 캠프를 간 것이 14살 때이었다.

프랑스의 내 친구들은 무슨 이유로 그런 부모답지 않게 냉담한 처사를 하느냐고 비난했다. 왜냐하면 대부분의 부모들은 아이들이 원할 때까지 집에 있게 하면서, 학교에 가거나 일을 하도록 하기 때문이다. 그러나 나와 아내는 아이들이 집으로부터 나가 더 강한 자립심과 자존심을 높일 필요가 있다고 생각했다.

그렇다고 해서 내가 해왔던 방식에 모두 따라야 한다고 말하는 것은 아니었다. 다만 여기서 강조하고 싶은 것은 내가 이 책에서 말하는 '자기 기업화'는 단순한 공리공론이 아니라 나 자신의 존재원리로 생각하고 만들어진 것이라는 점이다. 또한 그것은 나의 강력한 추진력으로 작용하였으며, 결국 어른이 되고 아버지가 되어서는 개인적인 윤리로서 자리잡게 되었다.

프로로서의 생활에 응용

그가 직장동료로부터 단절되었을 때, 모든 사회적 창구를 잃게 되었다. 다행히 그때는 가정이 있었기 때문에, 6개월쯤 지나서 우울증을 극복하고 그의 경험을 다른 사람들을 위해서 사용할 수 있었다. 그는 전직 알선회사의 컨설턴트가 되었고, 이 일에서 큰 성공을 거두었다.

사회에 나와 직업생활을 하는 동안 나는 컨설턴트로서 혹은 카운셀러로서 고객들에게 직업상의 선택을 결정하는 중요한 상담에 응할 경우가 자주 있었다. 이런 경우 '자기 기업화'라는 개념이 내가 코치의 역할을 담당하는 데 중요한 사고의 틀을 마련해 주게 되었다

하나의 예를 들면, 프랑스의 어느 회사가 기업 대학(Corporate University)을 설립하게 되었을 당시 나는 수석 컨설턴트로 일했다. 그 회사의 회장은 전략가로서 뛰어난 사람이었지만, 그 부하 직원인 매니저들에게는 매우 성미가 급한 사람이었다. 그 회장은 기업 대학 설립담당인 매니저가 부적격한 인물이라는 것을 알게 되었고, 그를 해고하고 싶다고 말했다. 나는 아무에게도 말하지 않고 그 매니저의 거취를 이 책에서 설명하는 방법으로, 자신을 평가하게 하여 그 회사에서 다른 곳으로 가도록 하였다. 다행히 그 사람은 고향의 컴퓨터 회사에서 일자리를 얻어 새로운 업무를 맞게 되었다. 그 외에도 이러한 사고방식을 적용

해서 고객측의 애로사항에 대해 분명한 문제의식을 가지고 대처하도록 하는 데 성공하였다.

회장은 다른 믿음직한 매니저로 하여금 이 프로젝트를 맡도록 결정했다. 이 사람은 회사를 잘 알고 있었으며, 기업 대학에서 무엇을 가르쳐야 하는지도 알고 있었다. 그러나 일년도 채 안 되어서 회장은 이 회사에서 25년간 일한 이 매니저를 해고할 것을 결정했다. 나는 이와 같은 비밀정보가 회장에게 좋지 않은 영향을 미칠 것이라고 생각했지만 이에 대비할 만한 시간적 여유가 없었다.

매니저가 이 소식을 접하게 되었을 때, 그는 엉망진창이 되었다. 그는 회장으로부터 부당한 처분을 받았다고 생각했고, 그동안의 노력과 성과는 수포로 돌아갔다고 느꼈다.

그는 전 생애를 회사 내에서 보냈기 때문에, 회사 밖에서 재기하는 것을 도울 사람은 나밖에 없었다. 나는 이 사람이 우울하게 지내는 것을 보았다. 그는 전 고용주를 계속 원망했으며, 새로운 생활을 시작할 수 없었다. 결국 그는 참담한 심경에 빠져 있었으며, 희망을 가질 수 없었던 것이다.

그가 직장동료들로부터 단절되었을 때, 그는 모든 사회적 창구를 잃게 되었다. 다행히 그에게는 가정이 있었기 때문에, 6개월쯤 지나서 우울증을 극복하고 그의 경험을 다른 사람들을 위해서 사용할 수 있었다. 그는 전직 알선회사의 컨설턴트가 되었고, 이 일에서 큰 성공을 거두었다. 그는 아주 성공적인 매니저였지만, 이 직업을 통해 매니저로 활동할 때보다 훨씬 큰 개인적인 만족감을 얻었다고 나에게 토로하였다.

다른 예들에 대한 자세한 설명은 이 책의 각 장을 참고하면 이해가 될 것이다.

자기 기업화의 사회사업 적용

> 컨설턴트로서 나는 기업의 문제를 주로 다루었으며, 나의 능력은 기업조직이 보다 훌륭한 성과를 거둘 수 있도록 돕는 정도에 따라 평가되었다.

'자기 기업화'의 개념이 프랑스에서 점차 알려짐에 따라 기업을 운영하는 사업가들이 관심을 갖기 시작하는 것을 알 수 있었다.

어느 날 프랑스 최대의 사회사업단체인 SSTRN의 버나드 하니코트(Bernard Hanicott) 회장에게서 전화가 왔는데, '자기 기업화'의 개념을 하나의 도구로 사회사업에 적용하고 싶다는 의사를 밝혔다.

나는 사회사업에 관해서는 아는 것이 아무것도 없었지만, SSTRN은 프랑스 기업 내에서 인간의 개인 문제를 다루고 있는 유일한 전문적 사회사업단체라는 사실을 알게 되었다.

그때까지 컨설턴트로서 나는 기업의 문제를 주로 다루었으며, 나의 능력은 기업조직이 보다 훌륭한 성과를 거둘 수 있도록 돕는 정도에 따라 평가되어 왔었다.

개인의 문제를 다루는 것은 부차적인 문제였으며, 그로부터 어떤 보수도 받지 않았다. 사회사업은 기업 내에서 직접적으로 다루어 주지 못하는 개인의 문제 - 경제적 문제, 가족문제, 개인의 무능력과 이에서 비롯된 우울증, 알코올과 마약 등 - 들을 지원하는 것으로 궁극적으로는 각 개인의 생산성과 도덕성 향상을 목적으로 하는 것이다.

처음 접해 보는 분야의 일이라 어떤 방식으로 일을 풀어 나가야 할지 고민이 앞섰지만, 몇 번의 사례적용과 분석으로 나의 컨셉이 사회사업분야에도 적용될 수 있다는 것을 확인하였다.

얼마 지나지 않아 나는 프랑스 전국의 사회사업을 대상으로 하는 트레이닝 프로그램을 개발하는 데 성공하였고, 이 프로그램은 사회사업가로서의 길을 가고 있는 학생들을 위한 교육 과정의 일부로도 자리잡게 되었다.

국경을 넘어

프랑스에서 일본의 닛산 자동차 사장이 된 카를로스 곤(Carlos Ghosn) 씨가 리버럴리스트(liberalist)의 상징으로 되어 있었다는 사실이다. 카를로스 곤은 국적을 초월해서 개방화시대에 어느 나라, 어느 직장에도 적응하여 성공할 수 있는 기업철학과 경영전략을 가진 사람으로 여기서 이야기하는 자기 기업화에 충실하여 성공한 사례라고 할 수 있다.

나는 처음 이 책을 프랑스에서 쓰기 시작했다. 1994년 「위기 후의 상황」에서 최초로 이 생각을 발전시켰고, 전 프랑스로 보급되어 *Entreprise de Soi*라는 제목으로 등록하게 되었다.

어떤 컴퓨터 회사에서는 12개의 다른 세미나에 이 컨셉을 기반으로 한 프로그램을 개발하였고, 몇몇의 경영 대학에서도 교육과정으로 등록시키기에 이르렀다. 또한 2년 후에는 젊은 중역위원회의(Centre des Jeunes Dirigeants)에서 이를 테마로 하여 프랑스 수상에게 발표하기도 했다. 하지만 노동조합으로부터 이것이 미국식 경제의 자기 중심적 행동에 대한 변명에 지나지 않는다고 하는 공격을 받았다.

벨포트 시에서 대규모 강연회를 마치고 그 다음날 아침 파리로 돌아오는 기차편에서 지역신문을 펴보니, 1면에 보브 오브리(Bob Aubrey)는 리버럴리스트(liberalist)라고 표현되어 있었다.

내 미국식 발음은 그들로 하여금 나를 더욱 그렇게 보이도록 했을 것이다. 하지만 마지막으로 일본을 방문했을 때 확인할 수 있었던 한 가지 흥미로운 사실은, 프랑스에서 일본의 닛산 자동차 사장이 된 카를로스 곤(Carlos Ghosn) 씨가 리버럴 리스트의 상징으로 되어 있었다는 사실이다.

카를로스 곤은 레바논 태생으로 프랑스에서 교육받은 48살의 엘리트로, 미국의 CNN에서 선정한 최고경영자(CEO)에서 빌 게이츠를 제치고 단연 정상에 오른 사람이다. 그는 닛산이 부채 1조 4천억 엔과 수년간의 경영악화로 2000년에 6,844억 엔의 적자를 2001년에 3,311억 엔의 흑자로 전환시킨 경영의 귀재이다. 그는 기업의 구조조정을 최우선 과제로 책정하고, 국적과 국경을 초월한 경영문화를 인식해서 일본인 특유의 기업과 국가에 대한 충성심을 유도하여 닛산을 살리는 것이 우리의 최대의 우선순위라고 제시함으로써 전 종업원으로 하여금 기업 재생의 동기를 유발하는 데 성공했다.

그는 닛산 자동차 사장으로 오기 전에 브라질과 프랑스에서 자동차 관련업계에서 구조조정의 명수로 성가를 인정받았다. 아마도 그의 목표는 닛산 르노가 자신의 기업은 아니지만, 망한 기업을 회생시킴으로써 경영능력을 인정받고, 카를로스 곤이라는 브랜드를 자기 기업화하여 가치를 인정받는 것이었을 것이다.

그는 종업원들에게 닛산을 난파한 침몰선으로 비유하고 종업원은 갑판 위에 화염에 쌓인 위기일발의 상황에 견주어서 살기 위해서는 바다에 투신해야 한다는 결연한 행동을 유도하여, 결국 생산성을 제고하고 구조조정을 성공적으로 이끌어 오늘의 흑자 전환을 성공적으로 달성하였다.

그는 부지런하기로 소문난 사람으로 아침 7시에 출근하여 저녁 11시에 퇴근하는 세븐 일레븐의 관행을 실천하고, 점심은 임원들과 구내식당에서 간단한 라면으로 끝내는 인간미 넘치는 면도 보여 주었으며, 또한 토요일과 일요일에는 가정에서 부인과 자녀들과 함께 보내는 베스트 파더(Best father)로 인정받기도 한 사람이다.

카를로스 곤은 국적을 초월해서 개방화시대에 어느 나라 어느 직장에도 적응하여 성공할 수 있는 기업철학과 경영전략을 가진 사람으로서 여기서 이야기하는 자기 기업화에 투철하여 성공한 사례라고 할 수 있다.

「자기 기업화」를 출간한 뒤 가장 열띤 반응을 보였던 곳은 중국이었다. 본서는 중국에서 20차례 재판 인쇄를 해야 할 만큼 많은 인기를 끌었다.

어떻게 해서 '자기 기업화'라는 것이 중국인들의 관심을 모을 수 있었던 것일까? 그것은 수백 만의 중국인들이 물어 오는 질문인, "중국 공산당이 더 이상 자신을 돌보아 주지 않는 상황에서 어떻게 하면 스스로를 돌보는 방법을 익히고, 기업가정신을 받아들여 새로운 상황에 적응해 갈 수 있는가?"의 문제에 직면해 있었기 때문이다.

한 번은 프랑스에서 경영학 석사 과정을 이수하고 있는 중국의 한 학생으로부터 전화를 받은 적이 있다. 그 학생은 자신이 하고 있는 공부에 대해 회의를 가지고 있는 듯했다.

자신은 기업가가 되길 원하지만 하고 있는 공부는 기업의 경영간부를 양성하는 과정으로 나아가고 있었기 때문이었다. 자신의 진로에 대해 고민하고 있는 그 여학생에게, MBA과정은 경영방식을 배우는 것을 목적으로 하고 있고, 그러한 면학이 결국에는 한 기업의 기업주가 될 수 있는 훈련의 역할을 담당하는 것이 될 수 있다고 용기를 주었던 기억이 난다.

자기 기업화의 교육 기관인 메티조

> 젊은이들은 목적이 있으면 가능성에 대한 탐구를
> 계속하려는 본능적 속성을 지니고 있으며,
> 이러한 저항과 혼란의 상황 아래서
> 호기심과 창조력이 태동하게 된다.

    기업에서 업무를 수행하고 있는 사람들과는 달리, 미래를 위한 학업에 정진하고 있는 학생들을 위한 교육과정에서는 자기 기업화의 개념이 다른 방식으로 적용될 수 있다. 기본적으로 교육은 학생들의 목표 설정에 도움을 주고, 인적 자원을 개발하며, 자신의 힘으로 경제적인 계획을 세우고 사회적이고 인도적인 행동에 기여하는 가장 좋은 방법을 결정하는 데 도움을 주어야 한다.

    자기 기업화의 컨셉은 교육프로그램 개발에 있어 중요한 기준으로 작용하여 위와 같은 교육의 역할 담당에 도움을 줄 수 있을 뿐만 아니라, 어떻게 하면 사회적·인간적 차원에서의 행동을 재구성할 수 있는가의 방향을 제시해 준다.

    개인은 몇 번의 변화의 시기를 거치고 교육의 기회를 얻게 되며, 개인의 기업화는 높은 수준의 교육이 기본이 되어야 함을 요구하고 있다. 그러나 대학들과 심지어 경영 학교(Business school)조차 자기 기업화의 교육적 기반을 제공해 주지 못하고 있다.

메티조(Metizo)의 임무는 고등교육 과정에서의 결핍된 부분을 보충해 준다. 메티조는 학생들이 교육의 과정을 거쳐가는 동안 나름의 개인적 역량을 개발할 수 있도록 도움을 주어, 학습과정 선택과 직업 선택의 분야에까지 폭넓은 영향을 끼치고 있는 것이다.

많은 학생들은 부모로부터 좋은 대학을 나와 명예를 가질 수 있는 일을 하기를 강요받는다. 그들은 때때로 부모님들의 압력에 복종할 것인가 아니면 모든 것을 팽개칠 것인가를 놓고 갈등하기도 한다.

메티조의 교육 방식은 이러한 상황 아래 놓여 있는 학생들을 이해하고, 배움이란 다양한 가능성을 가진 것이며 개인의 선택이 중요한 것이라고 강조한다.

이렇게 우리가 젊은이들에게 교육은 자기 기업화의 문제라고 말하면, 그들의 어깨의 짐이 가벼워지는 것을 볼 수 있다. 젊은이들은 목적이 있으면 가능성에 대한 탐구를 계속하려는 본능적 속성을 지니고 있으며, 이러한 저항과 혼란의 상황 아래서 호기심과 창조력이 태동하게 된다.

따라서 객관적인 정보를 주고, 좋은 결과를 창출해 낼 수 있도록 선택 가능한 범위를 진지하게 살필 수 있도록 해주는 노력이 필요하다.

학생들을 변화시키고 그들이 나아갈 방향을 제시해 주기 위해서 메티조는 부모님들과 학생들 사이에서 약속을 한다.

이것은 학업을 시작하는 학생들을 변화시킬 것이며, 그들에게 이전과는 완연히 다른 방향의 길을 제시해 줄지도 모른다. 이 약속은 현실적인 근거를 배경으로 하며, 특별한 인생행로와 그에 대한 위험 또한 포함하고 있다.

　현실적인 근거란, 인생에 있어서 가장 중요한 것이 무엇이며, 어떻게 하면 그것을 가장 가치 있게 영위해 갈 수 있는가 하는 문제와 밀접하게 연관되어 있다.

　메티조에서는 자기 기업화 정신을 함양하도록 하는 동기를 부여하는 동시에 삶의 기술을 익히게 해주며, 인생이라는 커다란 무대에서 개인의 정체성과 필요성을 자각시켜 주는 선구적 모델이 된다는 것을 알 수 있게 된다.

　메티조에 의해서 앞으로는 더욱, 자신의 개발을 위한 훈련과정에 있어 자기 기업화의 컨셉이 적용된 교육 프로그램 개발이 요구될 것으로 보인다.

누구를 위한 자기 기업화인가?

> 우선 젊은이들에게는 기존의 틀에서 벗어나는,
> 말하자면 상자 밖으로 나아가 바깥 공기를 자유로이 맡고,
> 한편으로 책임이 있는 형태로
> 그리고 전략적으로 어떻게 '자신의 기업'을 구축할 수 있을까
> 하는 것에 도움을 주고자 했다.

 이 책은 일종의 실용적 가이드 북으로 작성된 것이며, 철학서도 이론서도 아니다. 시대를 초월한 가치를 전해 줌과 동시에 사회적 대세를 읽고 나름의 철학을 정리하는 능력을 배양하고 기본적 윤곽을 명확히 비출 수 있도록 하는 데 저술의 목적이 있기에, 인생을 영위해 나가면서 당면하게 되는 복잡한 문제들 가운데 중요한 포인트만을 뽑아내었다.
 삶을 영위하는 과정에서 윤리적인 문제들에 지나치게 집중하게 되면 자기 기업화의 개념 역시 이타주의나 가족적 책임감 혹은 직장의 분위기, 사회적 관습을 유지해야만 하는 상황에 봉착하게 된다.
 자기 기업화는 이론이 아니며 정치적인 이데올로기나 종교와 관련된 사항 역시 아니다. 이 개념을 도입함으로써 현대 사회의 모든 문제점들을 포괄적으로 파악할 수 있다는 것도 아니다.
 다만, 행동지향의 개념을 이용해 어떻게 하면 현대사회에 전략적으로 대응하며 살아나갈 수 있을까 하는 지침을 제시하고

자 한 것이다.

　우선 젊은이들에게는 기존의 틀에서 벗어나는, 말하자면 상자 밖으로 나아가 바깥 공기를 자유로이 맡고, 한편으로 책임이 있는 형태로 그리고 전략적으로 '어떻게 자신의 기업을 만들 수 있을까' 고민할 때에 도움을 주고자 했다.

　다음으로 부모들에게는 교과서 점수만을 강요하지 않고, 진정한 인적 자본으로서의 아이들의 잠재력을 개발하는 방안과 올바른 캐리어(경력) 형성을 효과적으로 지도할 수 있는 방안에 관해 지원하고자 하였다.

　아이를 잘 기르는 방법은 매우 다원적일 뿐만 아니라 포착하기 어려운 문제이기도 하다. 특히 오늘날과 같이 교육의 기회와 자신의 캐리어를 발휘할 수 있는 기회가 전 세계로 확대되어 있는 경우에는 더욱 그러하다.

　또한 직업 선택에 직면해 있는 사회인들에게는 위험을 겁내지 않고서 올바르게 직업을 평가하고 선택하는 것을 제시하고자 하였다. 하지만 인간은 때때로 상황과 사회적인 인식 때문에 희생을 감수해야 하는 경우가 있다. 예를 들어 내 아내가 25살에 세 아이를 책임져야 했던 것과 한국인들이 노부모를 부양해야 하는 경우를 들 수 있겠다.

　이 책에서는 개인적인 소망 혹은 이상과 현대 사회의 현실이 균형을 맞추어 나갈 수 있는 방안을 밝히고, 직업에 대한 올바른 선택과 변화를 이뤄갈 수 있도록 하였다.

　나는 40~60세 연령층의 소위 제3의 활동무대에 있는 사람들이 이 책을 통해, 이제부터 의존적인 삶과 활동하지 않는 삶에서 벗어나, 이 시기를 황금의 기회로 활용할 수 있는 힌트를 찾아낼 수 있을 것이라고 믿는다.

나는 51살의 나이에 새 회사를 창업했고, 앞으로도 30년쯤 더 일할 계획이다. 새 회사를 만든 것은 물론 성공하고자 하는 욕구도 있었지만, 무엇보다 더욱더 활동적인 생활을 하고자 하는 동기로부터 비롯되었다.

　이 책이 변화하는 세기에 발맞추어 새로운 진로를 제시하여, 미래로 나아가고 있는 모든 이들에게 조그마한 선물이 될 수 있으면 하는 바램이다.

이 책에서 인용한 사례

> 먼먼 훗날 어디에선가 나는 이야기할 것이다.
> "숲 속에 두 갈래 길이 있었다고. 나는 사람이 덜 다닌 길을 택했노라고. 그리고 그것이 내 인생을 이렇게 바꿔 놓았다."라고 말입니다.
> — 로버트 프로스트(Robert Frost, 1875~1963)

나는 이 책에서 기업 자기화라는 철학을 쉽게 인식할 수 있도록 많은 사례를 들고 있다.

로버트 캐메론(Robert Cameron)의 이야기나 장 루이 가세(Jean-Louis Gassée)의 자기기만 탈피 이야기도 분명 도움이 될 것이다.

자신의 꿈을 어떻게 해서라도 실현하고자 하는 여성분들은 오딜 노쉬의 비극의 맨 밑바닥에서 탈출했던 이야기나 다이안 하웰의 캐리어 전환의 이야기에서 출발해 보는 것도 좋다.

어려운 마음의 병을 극복하여 마이너스를 플러스로 멋지게 바꾼 이야기, 그러나 이론적으로 조리를 세운 논리적인 단계가 서술되어 가끔, 철학이나 윤리학 같은 이해하기 어려운 부분이 있다면, 건너뛰어도 상관없다.

왜냐하면 어떤 식의 접근을 해도 결국은 반드시 자기 기업화라고 하는 새로운 개념을 피부로 느끼게 되리라고 생각하기 때문이다.

그럼 다 함께, 로버트 프로스트의 시, "가지 않은 길"-숲속에 난 두 갈래의 길 중, 사람이 다니지 않은 길을 택했다-즉 오늘의 모든 새로움을 낳는다는 그 길을 걸어가지 않으시겠습니까?

서론 : 단 한번뿐인 인생이니까

자기 기업화 시대의 도래

지금까지 캐리어(경력)라고 하면, 주로 대기업에 고용되어
그 안에서 승진하는 것을 의미했으나,
이런 의미의 캐리어는 더 이상 그 누구에게도 모델이 될 수 없다.
우리는 급격하게 변화하는 글로벌 세계에 살고 있기에,
세계에서 일어나고 있는 힘의 방향을 이해해야 하고,
나아가 변화를 창조해 나가야 하기 때문이다.

내가 인생에서 캐리어, 즉 일, 직업, 진로, 직무 경험을 둘러싼 문제와 자기 기업화에 관한 책을 써보려는 욕구를 강하게 가지게 된 것은, 현재 살고 있는 프랑스를 비롯한 유럽, 그리고 미국, 일본, 중국, 타이 등 세계의 많은 나라들의 다양한 기업과 그곳에서 활동하는 사람들과 함께 협력하여 얻은 지식의 산물때문이었다. 또한 이제까지 인생에서 많은 사람들에게 도움을 받은 내가 여러 변화의 과정을 거치면서 그 경험을 집대성하고 싶은 마음도 있었다.

내가 샐러리맨을 그만두고 컨설턴트로 일하기 시작한 것은 35살 때였다. 당시 나는 세 명의 아이들과 직업이 없는 아내를 부양해야만 했다. 하지만 내가 선택했던 전문직인 경영 컨설턴트는 그 당시 아무도 모르는 분야의 일이었기에 친구들은 이런 모험을 하는 나를 약간 정신이 나갔다고 생각하였다.

하지만 나는 나 자신의 성공 가능성과 아내의 지지를 믿고 이 분야에 발을 내딛기 시작했다. 자신의 분야에서 성공할 책

임이 자기 자신에게 있을 때, 일은 모험과 같이 위험 그 자체라는 사실을 알게 되었다.

누군가의 기업에서 정해진 일을 수행해야 했던 샐러리맨의 시절보다는 어려운 상황이 많이 닥쳐왔지만, 그러한 과정에서 계속 많은 것을 배울 수 있었다.

이렇게 해서 나는 이 책의 메인 테마인 "Enterprise of Self : 자기 기업화, 자기 기업 만들기"를 생각하기 시작했다.

그 이후 나는 많은 사람들의 캐리어 전환에 도움을 주어 왔으며, 친구나 아는 사람이 도움을 청해 도와 준 경우도 많았고, 기업의 컨설턴트로 일의 한 부분으로서 의뢰받은 곳의 사람들의 카운셀링을 하곤 했다.

이런 경험의 과정은 자기 기업화의 길을 선택하는 것이 반드시 편한 길만이 아니라는 것을 확실히 나타내주었지만, 다른 한편으로는 스스로 변화를 일으켜 자신이 선택한 길을 관리하는 사람은 어떤 것을 목표로 하든지 성공의 가능성이 더 넓게 열릴 수 있다는 것을 보여 주었다.

자기 기업으로서 자신의 캐리어에 책임을 진다는 것은 자신이 자신을 관리해야만 한다는 사실을 기반으로 한다. 또한 그 나름대로의 전략도 가져야 할 뿐 아니라 전략적 투자도 이루어져야 한다.

지금까지 캐리어라고 하면, 주로 대기업에 고용되어 그 안에서 승진하는 것을 의미했으나, 이런 의미의 캐리어는 더 이상 그 누구에게도 모델이 될 수 없다. 우리는 급격하게 변화하는 글로벌 세계에 살고 있기에 세계에서 일어나고 있는 힘의 방향을 이해해야 하고, 나아가 변화를 이루어 나가야 하기 때문이다.

하지만 이제까지 일은 사람들에게 안락함을 보장해 주고, 기업과 국가가 일하는 사람들을 보호해 주어야 하는 것이 당연시 되어 왔기에, 경우에 따라서 이러한 새로운 현실은 혼란의 원인이 되기도 한다.

오늘날은 세계 정세에 능동적으로 적응하고, 자신을 개발·발전시켜 나갈 것을 요구한다. 따라서 미래에는 전문직이 어떻게 변화해 갈 것인가를 예상하여 스스로의 지식과 재능을 활용함으로써 변화에 편승하려는 노력이 필요하다. 그리고 이러한 변화를 기회로 활용할 수 있는 능력을 가지는 것 또한 자기 캐리어 구축에 매우 중요한 구성요소가 되는 것이다.

내가 경영자들의 변화에 관한 책을 쓰고 있었던 1990년 당시는 미국에서 비즈니스 업계에 다운사이징(Down-sizing)과 디레이어링(De-layering), 그리고 리엔지니어링(Re-engineering)으로 표방되는 구조조정의 태풍이 강하게 불고 있을 무렵이었다.

1985년에서 1992년 사이 200만 명이나 되는 미국인 매니저와 관리자들이 일자리를 잃었고, 이들 중 대기업에서와 비슷한 수입을 얻는 새로운 직업을 찾을 수 있었던 수는 전체의 4분의 1도 채 안 되었다.

이러한 사태는 세계화에 따른 글로벌 경쟁과 기술진보, 기업의 인수·합병 등에 의해 촉발되었다. 7년이라는 짧은 기간동안 미국의 다섯 가정 가운데 한 가정은 자신들이 이제까지 회사에서 쌓아온 위치에서 몇 단계나 추락했는가를 몸으로 느낄 수 있었다고 한다.

하지만 나는 이러한 미국의 변화들이 앞으로 다가올 경제 부흥에 대한 기초를 다지는 일이 되었으며, 전후 최고의 경제 호황을 경험하게 되는 신호였음을 알아차리지 못했다. 그 신호를 기점으로 미국은 다시 급속히 변화하고 경쟁력을 지닌 IT 산업으로의 발전을 계속하게 된다.

나는 당시 프랑스에 살고 있어서인지, 미국인으로서의 시각은 갖고 있지 못했다. 그때 당시는 유럽연합(EU)이 탄생하는 흥분된 시기였다. 그 결과 유럽에서는 국경이 없어졌고 유럽공동체의 정체성을 느끼기 시작했다. 뿐만 아니라 유럽에서는 다국적 비즈니스가 점차 늘어났으며, 학생들은 돈을 추가로 지불하지 않아도 유럽의 어떤 나라에서든 자신이 원하는 대학을 택해서 공부하는 것이 가능해졌다.

나는 인간중심주의와 사회민주주의의 전통을 가진 유럽에서는 미국식의 다운사이징의 경험이 정치적으로도 사회적으로도 도저히 용납될 수 없을 것이라고 생각했다. 그리고 유럽사회가 반드시 제3의 길을 발견할 것이라고 생각했다. 그러나 나의 생각은 틀린 것이었다.

유럽에서는 1990년 일제히 해고의 바람이 불었다. 그 해 여름, 5만 명의 해고를 발표한 네덜란드의 필립스사에서부터 구조개편의 거센 파도가 시작되었다. 곧바로 필립스사의 신임 회장 장 티머(Jean Timmer)는 '학살자'로 알려지게 되었으나 일부의 사람들은 회사를 그대로 도산으로 몰아가는 것보다는 나은 일이라고 여기기도 했다.

몇 주 후에는 독일의 지멘스(Simens), 핀란드의 노키아(Nokia), 이탈리아의 올리베티(Olivetti), 프랑스의 불 앤 톰슨(Bull and Thomson), 영국의 브리티슈 텔레콤(British Telecom) 등 유럽의 컴퓨터, 전자 회사들이 필립스의 뒤를 따라 수만 명의 해고를 발표했다.

1991년까지 서유럽의 산업을 덮친 큰 구조조정의 파도에 의해 약 50만 명의 경영관리직의 자리가 정리되었다.

동유럽의 경우 실업자 수는 50%를 넘는 등 서유럽에 비해 상황이 더욱 나빴다. 중산계급의 육성을 목적으로 했던 복지국가의 온정주의(Paternalism)가 이렇게 큰 혼란 속에 휘말린 것은 유럽으로서는 처음 경험하는 일이었다.

이런 현상을 보고 나는 유럽 각 기업의 대표와 매니저들에게 중간관리자 계층에 어느 정도의 시든 가지 - 도움이 되지 않는 방관자들 - 가 있는지를 계산하도록 부탁하였다.

10~20% 정도를 생각했던 내 예상과는 달리, 대체로 돌아오는 대답은 약 절반 정도로 나타났다. 이것은 전후 화이트칼라 계층의 확충은 더 이상 유지될 수 없는 시대가 도래하고 있음을 의미하는 것이었다.

이런 대규모 구조조정은 사회 그 자체의 대전환의 시작에 지나지 않았다.

레이건 정권하의 미국과 대처 집권하의 영국은 실제 평화적인 정치혁명이라 할 수 있을 정도로 철저한 자유시장경제 체제로 이행하였다. 영국 외에 풍요로운 유럽국가들과 한국, 일본 등의 국가들은 이러한 움직임에 저항했으나, 그 대가는 실업과 채무의 증가로 나타났다.

실업은 최대의 정치적 관심사로 떠오르게 되었고 정치가들은 모든 수단을 동원해 실업률을 낮추려고 하였다. 그러나 냉혹하면서 강력한 기업 경영의 논리는 반대로 실업을 만들어내는 방향으로 나아갔다.

이제 정치와 비즈니스는 무능하게 되어 버렸다. 1992년 일본에서도 캐논(Canon)은 많은 수의 노동자 해고를 계획하고 있음을 발표했다. 일본의 통산성(MITI)에서는 이를 다시 고려해 볼 것을 요구하였고, 캐논은 당분간 잠자코 있었지만 일본의 구조조정의 불길은 커져만 갔다.

프랑스에서는 한 주 동안 6개 이상의 국영기업이 정리해고를 발표한 적이 있었고, 1993년 9월 에두아르 발라뒤르(Edouard Balladur) 프랑스 수상은 프랑스 국영기업들에게 해고 정지를 권고했다. 그러나 그 후 프랑스 정부는 이들 국영기업 전부를 매각했고 해고는 계속되었다.

노동자 해고의 이유에 대해서 나는 다른 생각을 하고 있었다. 오늘날 세계화의 거대한 물결에 대항할 나라는 없는 것이기에 그것은 정치적 선택으로는 볼 수 없다.

완전고용을 달성했다고 해서 구조개편이 멈추어지는 것은 아니다. 성공을 계속하고 있는 스웨덴과 스위스의 합작 중기계 메카 ABB사의 1993년 결정이 이를 여실히 드러내 주고 있다. ABB는 매년 수입의 1%를 구조조정의 비용으로 할당할 것을 결정하였고, "이것은 능률적인 조직을 유지하기 위해서는 없어서는 안 되는 투자"라는 견해를 내외에 선언한 것이다.

자신의 기업 만들기

> 기업화라는 것이 비단 일에만 국한되는 것이 아니기 때문에,
> 본래의 주체성이나 자주성, 자신다움을 만들기 위해서는
> 자기 자신의 다양한 면을 끌어내어 고려하지 않으면 안 된다.

글로벌 경제에 관한 지금까지의 설명에 따르면, 자기 기업화라는 방식은 아주 철저하고 엄격한 생존 방식으로 보일지 모른다. 그러나 자기 기업화(Self Enterprise)를 둘러싼 경제적 측면은 사실, 이 책 이야기의 절반일 뿐이다.

자기 기업화는 심원한 사회현상이다. 왜냐하면 일은 개인과 가족에 있어 이제 책임과 자유의 문제로서 자기 자신을 최대한 남김없이 발전시키는 기쁨이라는 의미가 되었기 때문이다.

그러나 기업화라는 것이 비단 일에만 국한되는 것이 아니기 때문에, 본래의 주체성이나 자주성, 자신다움을 만들기 위해서는 자기 자신의 다양한 면을 끌어내어 고려하지 않으면 안 된다.

이러한 정체성이 자신을 움직이는 수단이며 기업인 것이다. 또한 기업의 서비스 활동이라는 것은 비즈니스상의 행동과 윤리 의무의 양면에서 성립되는 것이기 때문에, 자신의 눈으로만 보는 견해뿐만 아니라 타인의 눈을 통해서도 유용한 것이 되도록 해야 한다.

자기 자신은 자기 기업화를 항상 앞으로 발전해 나아가야 하며, 자신의 인생을 종종 분해하여 살펴보고, 또 이를 재결합해 볼 필요가 있다. 물론 이 과정은 다른 사람이 대신해 줄 수는 없다. 좋은 직장을 얻는 것은 가능할지 몰라도 그 일을 영원히 할 수 있다는 보장은 없다. 또한 훌륭한 교육을 받는 것은 가능할 수 있어도 그것이 반드시 모든 것을 알게 하여 주는 것은 아니다. 멋진 가족을 가지는 것은 가능할지언정 가족이 자신이 목표로 하는 자기 기업화가 무엇이라고 명확하게 정의내려 주는 것은 불가능할 것이다. 단지 가족은 지지를 해줄 수 있을 뿐이다. 최후에는 스스로가 자신의 삶에 대해 책임지지 않으면 안 된다.

인간기업화의 핵심적 문제는 아이들을 교육해 나가며 직면하게 되는 문제와 같다. 부모들은 아이들이 성장함에 따라, 아이들에게 물질적인 것을 제공해 주는 것보다는 아이들이 자기 기업화를 스스로 발전시켜 나갈 수 있도록 도와 주어야 한다.

부모가 된다는 것은 주의를 요구하는 비즈니스이며 특히 세대간의 변화가 클 때에는 더욱 그렇다.

다행히 나는 좋은 교육을 받을 수 있었고 괜찮은 직장을 가지고 있었지만, 나는 아이들이 단순히 편한 인생이 아닌 더 나은 삶을 만들어 나가는 데 하나의 모델이 되고 싶었다.

나는 철저한 역사의식을 가진 역사가들이 수백 년마다 일어난다고 말하는 세대 변화의 틈을 절실히 통감했다. 단지 3세대 안에서도, 같은 가족 구성원끼리 전혀 다른 사회에 살고 있는 것이다.

내가 자란 세계는 아이들이 자라 온 세계와는 많이 다르다는 점도 눈에 띄었다. 이것은 아이들의 조부모 입장에서 본다면 더욱 멀리 떨어져 있는 것이다. 아이들의 조부모에게는 하나의 직업에 계속 종사하는 것은 평생동안 할 일을 결정하는 것이었다.

그리고 그 일은 대대로 전해져 계속되었다. 내 아이들의 외할아버지는 농부였으며 친할아버지는 광부였다. 이 두 할아버지는 평생을 같은 농장에서, 같은 탄광에서 같은 일을 해오셨다. 그러나 나는 대학 교육을 받은 컨설턴트로서 두 분 다 상상하지 못한 일을 하고 있다.

아이들의 두 할머니가 살아오신 개발사회(Development society)는 남성보다는 여성에 의해 움직여졌다는 사실을 보여 준다.

프랑스의 외할머니는 귀족 집의 하녀로서 인생을 시작하였다. 결혼을 통해서 귀속의 삶에서 해방되어 손자들에게 헌신하는 행복한 주부로서 사셨다.

미국의 할머니는 테니스를 즐겨 치셨고, 간호 대학에 다녔으며, 한 번 이혼하고 두 번 사별하였고, 다섯 명의 아이들을 길렀다. 결국 할머니께서는 노인 보호시설에서 돌아가셨다.

통계적으로 알 수 있듯이, 아이들이 어른이 되어 할 수 있는 일들의 절반도 지금 존재하고 있지 않다. 그 결과 나의 전문지식도 아이들이 의사결정을 내릴 때 역효과가 될 수 있는 것이다.

이 눈부신 사회변화와 기술혁신이 가져오는 미래의 충격 아래서 아이들에게 무엇을 가르치면 좋을까? 지식이 끊임없이 혁신되고, 재능이 끊임없이 새로워지는 사회에서 과연 학교로부터 배우는 과목들이 충분히 도움이 될 수 있을까?

어떤 경험이 아이들의 진로를 위한 동기부여가 될 수 있을까? 유럽이나 미국, 중국에서 공부하는 것이 아이들의 미래에 더 의미 있는 것일까?

내가 지혜가 있다 하더라도 그것이 과연 그들에게 유용할까? 아이들이 나의 경험을 무시하고, 나의 원칙을 거부할 때는 도대체 뭐라 말하면 좋을까?

이와 같이 오랜 세월동안 급격히 변화하는 시대에 해당되는 수많은 질문들이 제기되어 왔다. 그러나 오늘날과 같이 격심한 변화를 겪는 시기는 어떻게 하면 자기 기업화를 이룰 수 있는지에 대한 물음을 던져야 할 때이다.

Step 1 : 자신을
아는 것으로부터

본래의 자기란

한 개인은 가치를 가진다고 공언해 왔지만 현실의 책무와 속박을 무시한 채 자기의 권리를 주장하는 경우가 많다. 최근 끊임없이 제창되고 있는 신경제체제 속에서 파악해 봤을 때, 인간은 단지 존재하는 것만으로는 시장의 본질적 가치를 나타내주는 데 한계가 있다고 생각된다.

"나는 누구인가?"라는 질문은 철학의 영원한 물음이다. "그것을 누가 알고 싶어할까?"라는 말은 이에 대응한 철학자의 농담이기도 하다. 자기 자신을 엄격하게 보고, 미래로 날아가는 마음의 움직임을 도대체 무엇이라 부르면 좋을까?

17세기 계몽주의 시대까지 서양에 있어 자기(Self), 자아(Ego)라는 의미는 영혼에 기인하는 고차원적인 자기 마음의 자각을 설명하는 말이었다. 그리고 인간은 영혼이라는 개념에 속박되어 왔다.

일신교의 종교 세계에서는 오직 단 하나의 신만이 영혼을 지녔다고 생각했고, 이런 유일신과 특별한 대화를 나누며 인간은 그 충고를 받아들여야 하는 것으로 생각했다.

이것이야말로, 인간에게 존엄한 지위를 부여해 주는 것으로 중세가 끝날 때까지 여자는 영혼을 가지지 않은 존재로 인식되었다. 한편, 중국의 현인들은 영혼의 타락과 붕괴를 공공연하게 논해 왔다.

유교 신자들은 어쨌든 건강하게 살기 위해서는 가족이 선조의 영혼에 대해 제사를 지내는 것이 중요하다고 생각했다. 또한 티베트인들은 다른 인간 세상에 다시 태어나기 전에 떠도는 영혼과 동행하기 위해 정성을 들인 의식을 행했다.

플라톤은 다른 존재에 영혼이 세 번 이동하는 이야기를 하였으며, 석가는 자기라는 것은 어떠한 실체도 없지만 영혼이 행동의 업보를 진 채로 윤회한다고 하였다.

혼을 다루는 이집트인들의 정성과 정교함은 상상 그 이상이었다. 프랑스의 이집트학자가 피라미드 내벽에 조각된 상형문자를 해석한 바에 의하면, 고대 이집트인들은 최고 차원의 양심을 지닌 새의 여신에게 받은 깃털과 죽을 때 심장 안의 양심의 무게를 비교하여 선악을 판별할 수 있다고 믿었다.

벽화의 한편에는 양심의 최종적 심판을 받고 있는 자신의 이름이 있고, 또 다른 한편에는 신성한 신과 불멸의 혼이 새의 형상을 하고, 이런 인간은 연극에 상관없이 다른 쪽에 머무르고 있었다.

이런 신앙의 흔적은 중요하다. 왜냐하면 이렇게 말하는 것은 현대에 있어 세속적 개념으로서 개인에 있어서도 자기란 여전히 이런 영혼의 불안한 상태 그대로이기 때문이다.

자신이 존재하는 것만으로도 가치가 있다고 믿는 개인주의는 유럽 계몽주의 시대의 산물이다. 이는 서유럽식의 인권개념으로까지 발전했지만 이와 같은 사고방식에 의한 접근은 때론 철없이 느껴지기도 한다.

사람 개개인은 가치가 있다고 공언해 왔지만, 현실에서는 책무와 속박을 무시한 채 자기의 권리를 주장하는 경우가 많다. 최근 끊임없이 제창되고 있는 신경제체제 속에서 파악해 봤을 때, 인간은 단지 존재하는 것만으로는 시장의 본질적 가치를 나타내주는 데 한계가 있다고 생각된다.

자기와 자기 기업이 시장에 의해 제한되는 것은 아니지만 자기 기업은 현실적인 것으로서 존재해야 한다. 오스트리아의 철학자 아놀드 키스링(Arnold Keyserling)은 예전에 요가 신봉자들에게 다음과 같이 말한 적이 있다.

"인간이 한번 자신에 대한 책임을 완수하면, 그때부터 자기 자신의 정신적인 영역에 대해 정말로 헌신할 수 있게 된다."

개인과 인간

> 오늘날 탈공업화 시대(Post-industrial era)에 있어서의 자아란, 자기 자신의 인생을 관리하고 개발하는 것에 책임을 지는 비종교적인 주체성이라는 개념으로 재정립될 수 있을 것이다. 바꾸어 말해 자기 기업화란, 하나의 윤리적 자세라고도 할 수 있다.

우리 사회에서 매우 중요하게 된 자아(Self)란 무엇인가?

개인(Individual)은 그 어원이 나타내주듯이, 자기 기업의 최소 단위로 다음과 같은 다양한 단어에 대한 기본이 되어 준다.

인간(Person)은 인격으로, 자신을 자신답게 하는 제반 특성이다. 자아(Self)는 자신을 비추어 발견하는 능력을 가진 의식을 말하며, 또한 인생의 에너지와 열정을 나타내주는 것이기도 하다. 이런 자아(Self)가 자기기업화의 원천이며 기본정신인 것이다.

오늘날 탈공업화 시대(Post-industrial Era)에 있어서의 자아란, 자기 자신의 인생을 관리하고 개발하는 것에 책임을 지는 비종교적인 주체성이라는 개념으로 재정립될 수 있을 것이다. 바꾸어 말해 자기 기업화란, 하나의 윤리적 자세라고도 할 수 있겠다.

스스로에 대한 책임을 지기 위해서는 자기 자신을 알고, 어떻게 하면 자신을 성장, 발전시킬 수 있는지를 반드시 알아야 한다.

그러나 사람은 외딴 섬에 홀로 있는 존재가 아니기에, 자기기업화는 단순히 정신에 대한 탈공업화적 의미에서 벗어나 하나의 사회적 현실이며, 다른 사람에 대한 책임과 의무를 의미하는 개념이 되어야 하는 것이다.

다시 말해, 자기기업화라고 하는 것은 윤리적 측면과 사회적 가치 양 측면 모두 가지는 것을 의미한다.

엔터프라이즈(기업, 경영, 시도)의 의미

> 가장 중요한 것은, 기업은 자신이라는 개체가 죽었다고 해서
> 끝나는 것은 아니라는 사실이다.
> 이런 의미에서 자기 기업화는 지속되는
> 하나의 정신을 갖는 것임을 인식해야 할 것이다.

　엔터프라이즈(Enterprise)란 말은 사물과 사람을 하나로 합쳐, 정리하는 '기획'을 의미한다. 컴퍼니(Company)란 말도 원래는 '빵을 나눠 먹다', 즉 '식사를 함께 한다'는 뜻이었다.

　우리는 동반자를 필요로 하고, 또 다른 이와 동행해 주어야 하는 윤리상의 의무를 지니고 있다. '기업화한다'라는 창조적인 활동은 자신을 둘러싸고 있는 사회의 고리를 뜻이 맞는 친구에게만 걸치게 하는 것이 아니다. 또한 "사회봉사에 자원하여 참여하자"라는 외침을 무시할 수 없게 하며, 식욕 대신 탐욕에 가득찬 보잘 것 없는 자신만을 만족시키거나 자신만의 굴을 파서 다른 사람과 상관없이 편안히 틀어 박혀 있을 수도 없다.

　자기 기업화란 우리가 본질적으로 사회적 동물일 뿐만 아니라, 우리들 대부분이 봉사활동과 같은 정신적인 서비스 분야에서 일하는 것 또한 포함하고 있으므로 '사회'라는 테두리 안에서 파악 가능한 사회적 의미를 갖는 것이다.

　인간은 서비스하고 있는 사람들에게, 그리고 서비스하는 것

을 돕는 사람들에게 언제나 연결되어 있다. 그러므로 더 깊은 의미의 자기기업화란 무엇을 그리고 누구에게 서비스할 것인가를 선택하는 문제인 것이다.

기업으로서 가족은 사회의 기본적인 단위이다. 그렇기 때문에 오늘날 비즈니스를 행하는 대부분의 기업들은 소규모 가족 소유의 기업 사회인 것이다.

가장 중요한 것은, 기업은 자신이라는 개체가 죽었다고 해서 끝나는 것은 아니라는 사실이다. 이런 의미에서 자기 기업화는 지속되는 하나의 정신을 갖는 것임을 인식해야 할 것이다.

고용보장으로부터 고용가능성과 자기 기업

> 1980년대에 들어서야 비로소 자신의 취업 가능성에
> 개인의 책임도 있다는 사고방식이 생겨나기 시작하였고,
> 자신의 능력으로 고용창출을 이루겠다는
> 자신감이 고용보장을 대신하게 되었다.

발전하고 있는 사회에서 개인의 책임은 다음의 중국 격언을 잘 생각해 보면 쉽게 이해가 간다.

"사람에게 생선을 주면 하루를 살게 해주고 생선을 잡는 법을 가르쳐주면 평생을 살게 해준다."

20세기에 발원한 사회보장제도에서는 사람들에게 단지 생선만을 주었지만 오늘날의 사회정책은 열린 노동시장이라는 시내, 강, 바다에서 자기 자신이 고기를 낚을 수 있는 방법을 배우는 데 초점이 맞추어져 있다.

미국에서는 항상 자기 기업에 가치를 두어 왔지만, 공업화 단계에서는 자기 책임이라는 생각이 고용노동자까지는 미치지는 않았다. 1980년대에 들어서야 비로소 자신의 취업 가능성에 개인의 책임도 있다는 사고방식이 생겨나기 시작하였고, 자신의 능력으로 고용창출을 이루겠다는 자신감이 고용보장을 대신하게 되었다.

하지만 공장 노동자들, 서비스 종업원들, 화이트칼라 노동자

들, 그리고 경영관리자까지도 이것에 전혀 준비가 되어 있지 않은 상태였다. 우리 세대의 사람들은 기업도 정부도, 실업을 책임져 줄 수 없다는 사실을 어렵게 받아들여야만 했다.

이런 견해는 고용가능성(Employability)이라는 신종어(A newword)의 기치 아래, 1990년대의 공식적인 견해가 되어 왔다. 이 방침은 조지 부시 정권 때 노동부 장관이었던 마틴(Lynn Martin)에 의해 적극적으로 내세워졌다고 말할 수 있다.

오늘날의 직무보장은 일하는 사람이 배우려는 자발적인 의지와 기회를 가진 경우, 그리고 일자리를 바꿔 다양한 업무를 경험하고자 할 때에만 달성될 수 있다.

1996년 여름, 클린턴 대통령은 가족이 복지지원을 받는 것은 최대 5년까지 가능하며, 실업 보장을 받는 것도 최고 2년을 한계로 한다는 것을 공식적으로 발표하였다.

이렇게 해서 1980년대 '자기 기업'이라는 말은 자영업, 자택에서 일하는 사람, 소호(SOHO)로 일하는 사람, 프리랜서, 그리고 프로로서 활동하는 몇 백만 명의 사람들에게 일반적으로 통용되게 되었다.

기업정신을 실천한다

정확한 위치를 정하는 포지셔닝은
자신과 고객의 욕구의 교차점을 고려해 생각해 내야 한다.
오딜은 자신의 포지셔닝을 정확하게 하기 위해
근처의 농장을 방문하고, 그 지역의 상공회의소에 가입하고,
지역 관광 여행을 촉진하기 위한 이벤트에도 참여했다.

많은 사람들은 직업을 잃었을 경우 자신의 인생의 의미에 대해서 생각하게 되며, 그러한 과정은 자기 기업화의 출발이 된다. 오딜 노쉬(Odil Nauche)의 사례와 같이 비극적인 사건이 자신의 잠재력을 발견하게 해주는 경우도 있다.

오딜 노쉬는 파리에서 50Km 정도 떨어진 인구 6000명 정도가 사는 작은 마을에서 자랐다. 오딜은 그녀의 반려자가 되는 로자와 14살에 만나게 되었으며, 18살에 결혼하여 아이들을 기르며 그 마을에 정착하게 되었다.

오딜과 로자(Roger)는 80년대 성공 가도를 쏜살같이 달리는 전형적인 모범이 된다. 로자의 최초의 직장은 프랑스에서 급성장한 대형 슈퍼 체인인 앵테르마르쉐(Intermarché)였다. 그리고 30살이 채 되기도 전에 앵테르마르쉐의 시스템 중 주요 사업 단위였던 창고를 관리하는 일까지 담당하게 되었다.

오딜도 프랑스 최대 은행인 농업은행(Credit Agricole)에서 일자리를 얻어, 컴퓨터에 숫자를 입력하는 일을 시작하였다.

얼마 지나지 않아, 파리의 채권 거래 사무실로 옮겨가 트레이더가 되기 위한 훈련을 시작했으며, 증권거래소로 이동해 갔다. 오딜은 자신이 금융 거래에서 최고로 인기가 있는 여성이 되는 것을 생각하는 것만으로도 오싹오싹한 쾌감을 느꼈다.

오딜과 로자는 매력 있는 커플로 귀여운 두 아이와 함께, 멋진 일을 하러 이리저리 다니고 있었다. 그러던 어느 일요일 로자가 친구와 사이클링을 하러 나갔을 때, 취한 운전자가 커브 길을 달려오면서 이 둘을 치어 즉사시키고 말았다. 오딜은 완전히 넋을 잃었지만, 아이들을 위해서는 무엇이든 해야 한다고 결심하고, 우선 그동안 열망해 왔던 트레이더가 되기로 결심했다.

하지만 아이들에게 많은 시간을 할애해야 했으므로, 결국은 좀 더 한가한 일자리로 다시 돌아가는 것이 낫다는 괴로운 결단을 내릴 수밖에 없었다. 일에서 한 발짝 물러선 후에도 밤 9시에 퇴근하는 것이 계속되어 두 명의 아이들은 엄마의 빈자리에 괴로워했다.

오딜도 점차 매일 되풀이되는 판에 박힌 일에 싫증을 느끼기 시작했다. 또한 너무 지나치게 일한 나머지, 아이들을 위한 시간도 충분히 낼 수 없었다. 태어나서 이제까지 그녀의 고향이었던 이 작은 마을은 로자가 죽고 난 후, 그녀와 아이들에게 지옥이 되어 버렸다.

오딜은 최고 인기 딜러로서 이미지가 바래감에 따라, 자신의 가치관을 수정해야만 했다. 그래서 그녀는 새로운 인생을 시작하기 위해 남편의 보험금을 어떻게 사용할 것인지에 대해 궁리하기 시작했다.

그녀는 스키 휴가를 갈 때마다, 스키 리조트에 멋진 레스토랑을 소유해 매일같이 스키를 즐기는 상상을 하곤 했다. 오딜의 마음속의 그 꿈의 형상이 변화하였고, 새로운 스타일의 삶에 어울리는 기업에 대해 생각하기 시작했다. 그녀는 딸에게 아빠의 빈자리를 메우기 위한 말 한 마리를 사주었다. 멋진 레스토랑의 이미지는 이제 산골짜기의 승마 클럽이 되어 부풀어 올랐다. 그녀는 방학중에는 종업원들의 아이들을 위한 캠프를 기획하는 회사로부터 매출을 올리고, 학기중에는 프랑스의 학교들을 상대로 하여 1주일 동안 자연에서 생활하는 자연 친화적 학습 프로그램을 제공하는 것이 인기가 있을 것이라 생각했다. 승마뿐만 아니라, 마운틴 하이킹과 근처의 농장 방문 프로그램도 첨가했다.

좋은 장소를 물색하기 위해 잡지를 훑어보고 있다가, 오트르와르(Haute - Loire), 샹봉 쉬르 리뇽(Chambon Sur Lignon)에 자리잡은 거주인구 3000명 정도의 마을에 위치한 낡은 건물을 발견하였다.

그녀는 10만 달러 정도를 지불하고 사들였으며, 거기에 별도로 집 개조비 2만 달러를 들여 아이들을 위한 숙박시설, 레스토랑, 욕탕, 교실 등을 정비했다. 예산을 축소하기 위해, 오딜은 시멘트 작업과 배선, 배관 공사를 새 남편의 도움과 자신의 힘을 합해 하기로 결정했다.

이전에 느꼈던 돈을 버는 것에 대한 매력은 자신의 비즈니스를 일궈가는 기쁨과 아이들 가까이에 있을 수 있다는 사실에 대한 만족으로 바뀌었다. 내가 1993년 9월 11일 오딜을 인터뷰했을 때 그녀는 이렇게 말했다.

이제 은행에서 활동하는 것은 사양하고 싶어요. 지금은 자신

을 위해 일하고 있는 거니까요. 이전에는 이것이 일이라고 생각하지 않았던 거예요. 일은 이제 인생의 질 자체를 높이는 것이 되었습니다. 제 주위에 있는 사람들과 함께 행복하게 사는 것, 산골짜기 시골생활에서 무엇을 발견하는 것, 그리고 비즈니스를 이끌어 나가는 것…. 일은 이제 그런 것이 되었습니다. 저의 야망을 현실로 만드는 데 의욕을 쏟아 붓는 것이야말로 큰 만족을 얻을 수 있는 길입니다.

오딜 노쉬의 경험은 인생을 기업화해 나가는 사람들에게 많고도 중요한 힌트를 제시해 준다.

먼저 오딜은 인생에서 이제까지는 다른 상황에서 정해진 샐러리맨의 일에서 해방되고자 하는 강한 욕망과 산과 말에 대한 그녀의 사랑, 아이들과 함께 있어야 한다는 필요성 등의 요인들을 정리하게 되었다.

이렇듯, 인생에서 뿔뿔이 흩어져 있는 요소들을 하나로 통합하는 것이 바로 기업의 본질인 것이다.

두 번째, 중요한 요소는 시장이라는 조건에서 자신을 재정의하는 것이다. 단지 '자기 자신이 된다'는 희망에 근거한 사고만으로는 자기 기업화의 존재양식으로 충분하지 않다.

정확한 위치를 정하는 포지셔닝은 자신과 고객욕구의 교차점을 고려하여 생각해 내야 한다. 오딜은 자신의 포지셔닝을 정확하게 하기 위해 근처의 농장을 방문하고, 그 지역의 상공회의소에 가입하고, 지역 관광 여행을 촉진하기 위한 이벤트에도 참여했다.

산골짜기의 리조트와 교육 서비스는 성장 추세에 있다는 것을 알고 있었기에 녹색 휴가(Green Leisure)라는 이미지를 확고히 하려고 노력했다.

세 번째 요소는 자신이 가지고 있는 것, 즉 자본을 기업화하기 위한 지렛대로 어떻게 사용할 것인가 이다.

오딜의 자본은 그녀가 투자한 돈 이상의 것이었다. 배관 공사나 회계 그리고 승마를 아이들에게 가르치거나 근처 농장에 미니투어를 하는 등 여러 가지 프로그램을 세워 경영해 나가면서 그 전부를 실천하는 자기 자신의 능력이야말로 그녀의 자본인 것이다.

네 번째, 자기 기업화의 가장 중요한 본질은 성공이 자기에게 무엇을 의미하는가를 아는 것이다. 오딜은 이미 성공을 인기 있는 여성 딜러라고 생각하고 있지 않았다.

그녀의 은행 상사가 그녀를 대차대조표 한 장이나 인적 자본의 하나로 보고 있던 때보다는 훨씬 더 나은 것이었다. 그녀가 생각했던 성공은 아이들의 눈 속에서 행복함을 발견하는 것, 그녀의 충만감, 또 말과 지내고 있는 아이들에게 무엇인가 가치 있는 것을 주고 있다는 느낌 속에 있었던 것이다.

원래 자주성을 가지고 있는 사람일지라도 바로 일어설 수 있는 능력이나 자신을 바로잡는 회복력을 반드시 가지고 있지는 않으며, 특히 자신을 알고 있는 사람이 자신이 한 일을 모르는 때는 더욱 그렇다. 그러나 우리들은 자신의 진보 과정 속에서 자신의 사회적 위치가 허물어진 경우에 나타나는 회복력, 즉 예상, 적응, 학습하기 위한 우수한 유전자 구조를 갖고 있는 것을 잠시도 잊어서는 안 될 것이다.

자기 기업화의 길을 헤매던 경험이 있는 나 자신의 경우는 물론, 친구와 동료, 고객의 예를 살펴보면 자주성과 자발성을 가지기 위한 과정에는 어떤 일정한 패턴이 있다는 것을 알았다.

맨 처음 단계에 있어 인간은 인간으로서의 존재와 실존에 관한 여러 가지 물음과 불안, 의심에 사로잡힌다. 다니던 회사가 없어졌다면 하루를 어떻게 지낼 것인가, 가족에 둘러싸여 집에서 활동하는 것은 가능할까, 다른 사람들에게 자신의 직업을 무엇이라고 설명하면 좋은가, 자신의 일에 대해 얼마나 돈을 요구해야 하는가 등등이다. 이 단계의 경우 6개월 정도 계속된다.

그리고 나서 생계를 유지해야 한다는 심각한 비즈니스의 문제가 찾아온다. 어떻게 이윤을 확대해가야 하는가, 종업원이나 아르바이트생을 고용하거나 파트너와 함께 일하는 것이 좋은가, 고객은 무엇을 원하는가, 그것과 거의 동시에 자신의 시간을 어떻게 관리하는가 하는 물음이 근본적인 것이 된다.

활동하고 있을 때, 자신의 시간을 어떻게 사용하면 좋을까? 자신의 삶의 방식에서 최고의 즐거움을 어떻게 얻을 수 있을까? 자신의 라이프 스타일이 가족에게 어떤 이점을 줄 수 있을까?

이 두 번째 단계는 다음과 같은 문제를 제기할 때에 끝나게 된다.

다음 제3의 단계에서의 물음이라는 것은, 원했던 것만큼 성공하지 못했다거나 또 더 높은 단계로 가로 싶거나, 또는 크게 성공해서 너무 바쁘게 된 때에 제기된다.

자신이 정말로 바라고 있는 것은 무엇인가? 고객과 동료와 가족에서 어떤 반응을 얻어야 한다고 생각하고 있는가? 수입 수준에 생활을 맞추는 것이 가능한가? 다음의 국면에서 필요하게 될 서비스와 학습은 무엇이며 어떤 비용을 줄여야 하는가? 가족에 있어 가장 중요한 것은 무엇인가?

한번 이 단계에 이르면, 확실히 자기 기업인의 인생을 걸게 되는 것이다.

Step 2 : 자신의 꿈을 분명히

좋은 삶이란

좋은 삶(Good Life)이란 것은 성공에 따라오는 장식품이 아니며, 자기 기업화(Self Enterprise)의 완성을 의미하는 것도 아니다. 그것은 끝까지 열심히 해서 인생의 다양한 굴곡을 일관된 형태로 정리해 내는 것을 의미한다.

미국에 거주하고 있는 사람의 단 1%도, 전세계 인구의 0.1%도 나에 대해 연민의 정을 느끼지 않는다는 것을 충분히 알고 있다. 나는 이것이 당연하다고 하는 것도 잘 알고 있다. 금요일마저 골프를 치고, 마치 비극적인 상황에 빠져있는 듯한 이 남자를 조금이라도 안됐다고 생각하길 바란다. 해고된 이후 98일분의 월급을 받고, 거기다 몇 개월분의 월급을 아직도 받고 있는 사람들에게도 동정을 느끼길 나는 내 자신에 대해 딱하다고 생각하고 있으며, 내가 알고 있는 모든 이가 나에 대해 연민의 정을 느꼈으면 한다. 엄청난 분노, 질투, 두려움, 그리고 무엇보다도 수치심 그 자체. 난 내 자신이 수치스럽다. 단순한 단계에서 나는 내 자신이 실직한 것이 부끄럽고, 내 가족들이 그러한 곤경에 처하게 하는 것도 부끄럽고, 원래 경영자가 되려고 했던 꿈에서 완전히 멀어져 버린 듯한 자신이 무엇보다 부끄럽다.

이 구문의 저자는 수년간의 연구와 일을 통해서 이룩한 좋은 삶(Good Life)을 영위하던 사회적 신분에서 그 자리를 상실하고 함정에 빠져 있는 상태다. 비록 그는 새 일자리를 구하고 있고, 부러워할 만한 생활을 하고 있는데도 자신의 인생을 부끄러이 여기고 비참해한다.

이런 상태에서 어떤 것을 배울 수 있을까? 과연 새로 마음을 고쳐먹고 자기 기업화를 성취할 수 있을까?

고통과 같이 성취나 실패, 만족이나 상실감이라는 인간의 모든 감정은 우리가 알고 있던 것과 기대했던 것에 의해 나타나는 상대적인 개념들이다.

좋은 삶(Good Life)이란 성공에 따라오는 장식품이 아니며, 자기 기업화(Self Enterprise)의 완성을 의미하는 것도 아니다. 그것은 끝까지 열심히 해서 인생의 다양한 굴곡을 일관된 형태로 정리해내는 것을 의미한다.

독일의 철학자 헤겔(Hegel)은 현명함(Wisdom)을 햇빛이 저물어 가는 황혼녘에 비행을 하는 올빼미에 비유하여 생각하는 것을 좋아했다. 좋은 삶이 자신에게 어떤 의미를 가지는가를 확실히 알게 된 그때는 이미 자신의 봄날은 지나가 버린 경우가 많다. 아마도 당신이 늙기 이전에 그것을 결코 이루어 내지 못할 수도 있다. 좋은 삶은 나이를 먹어서야 비로소 얻게 될 수 있는 문제일 것이다.

그래도 스스로의 인생에 대해 생각해 보는 것은 정말 중요한 일이다. 좋은 삶의 계획을 세우는 것은 어른이 되기 전에 하는 것이 좋다. 소크라테스(Socrates)도 다시 음미하지 않는 인생은 가치가 없다고 하지 않았는가? 앞에 나온 실직한 경영자는 좋은 삶을 그저 눈앞에서 포기하게 될 것인가? 아니면, 오히려 이때를 기회로 하여 자신의 인생 속에서 지혜의 올빼미가 나뭇가지에서 벗어나 창공을 향해 훨훨 날아갈 때를 맞이할 수 있을 것인가?

인생의 틀 짜기

> 좋은 삶이란 누군가 혹은 어떤 제도가 제공해 주는 인생의 틀이 아니다.
> 이것은 종교적인 규범도 아니고, 민족적인 이상도,
> 가상세계로의 피난도 아니며, 기존의 치료법도 아니다.

   모든 사회에서는 '인생에서 가장 중요한 것은 무엇인가', '어떻게 살아가야 할 것인가'를 명확히 하는 다양한 틀이 마련되어 있다.
   중세의 유럽에서는 카톨릭 교회가 거의 독점적으로 인생의 틀을 정했다. 중세의 교회는 영적인 문제와 정의, 전쟁, 그리고 성(性) 등의 문제를 비롯하여 한 사람의 인생의 여러 국면에 관여했으며, 왕으로부터 마녀까지 모든 신분의 사람들의 문제를 폭넓게 규정하였다.
   그러나 공업화 시대에는 과학상의 혁신과 지식, 부의 증대와 비종교적인 세속적 교육의 힘에 의하여 종교적인 인생의 틀이 가지고 있었던 규범적인 힘은 점차 쇠약해졌다.
   그렇다고 해서 종교적인 인생의 틀이 완전히 없어진 것은 아니다. 높은 수준의 공업화를 이룬 나라들에서도 기독교적 가치가 사라진 적은 없었다. 교리와 규범을 현대 생활에 맞도록 훌륭하게 적응시켜, 아이 기르기와 맞벌이 부부의 문제점에 대한 대처, 가정 내 폭력, 장기 실업, 약물 남용과 같은 문제를 해결하기 위하여 노력하고 있는 것이다.

미국의 교회는 가족적인 가치관과 지역 사회를 부흥시키는 데 큰 도움이 되었다. 하지만 이런 기독교의 지원적 역할은 이슬람 근본주의자가 국가 운영을 지배하려고 했던 것과는 확실한 대조를 이룬다. 무서울 정도의 적대관계와 탄압을 대수롭지 않게 생각하는 알제리 등에서는 학교에 가기를 고집하는 여자아이를 복면을 쓴 민병이 교실 밖으로 끌고 나가, 반 아이들의 앞에서 목을 베어 버리기도 했다.

민족의식 역시 인생의 규범을 규정한다. 민족의식이란, 일정한 문화적, 지리적 경계선의 범위 내에 있는 사람들에 의해 공유되는 개념으로서, 가치와 신앙의 정신이라고도 말할 수 있다. 오늘날 세계적으로, 민족주의는 많은 나라에서 채택하고 있지만 사실 그것은 근 200년 사이에 채택된 비교적 최근의 이야기다.

파시스트 국가에서는 사회 속의 여성의 위치에 대해 "여성은 교회, 요리, 아이에게"라는 히틀러의 공식 발표를 따르는 인생의 틀을 강요했다. 또한, 보스니아와 르완다를 파괴한 '민족정화'의 광기적 폭력에 대해서는 지금에 와서도 언급할 필요가 없다.

스탈린 정권하의 소비에트 연방이나 모택동 치하의 중국, 폴 포트(Pol Pot)의 캄보디아가 증명하듯이, 공산국가들은 획일적인 인생의 틀을 국민들에게 요구하였으며 그 결과 가공할 만한 대량살상을 저질렀다.

파시스트, 공산주의자, 종교적 민족주의는 사회발전의 가장 위험한 암초가 되는 것이다.

인생의 틀은 미크로 문화(Micro Culture) 속에도 명확히 나타나 있다. 집, 학교, 직장은 신념을 구축하고 가치관을 전달함에 있어 큰 힘을 가진다. 만약 이러한 인생의 틀이 사람들의 문제에 대한 답을 제공해 주지 못한다면 끊임없이 새로운 틀이 만들어진다.

이것에 대해 아마 뉴 에이지(동양이나 미국, 인도 등의 고유 사상을 이용해 종교, 의학, 철학, 점성술, 환경 등의 분야에 있어 총체적 접근을 하려는 1980년대 이후의 새로운 사상의 흐름)식 접근이 마음에 와 닿을 것이다. 또한 1992년 하퍼클린스 출판사가 간행한 그해 베스트셀러였던 토마스 모어(Thomas Moore)의 「정신의 치유」를 사보는 것도 좋을 것이다.

이 책에는 그 나름대로의 가치가 있으며, 토마스 모어조차 부유층만이 바라볼 수 있는 심플 라이프가 미덕이라고 여기는 생각에 가끔 빠져 있다는 것 또한 확인할 수 있을 것이다.

일년 이상 집에는 자동세탁기가 있었지만, 거의 쓰는 적은 없었다. 이것이 나에게 매력적인 것은 세탁, 헹굼, 말림이라는 일련의 세정 의식을 행하는 과정에서 유발되는 즐거운 공상을 하게 한다는 것이었다.

스위스 작가인 프란스 마라-루이즈 본 프란츠(Marie-Louise von Franz)도 반성을 불러일으킨다는 의미에서 베틀짜기나 뜨개질이 특히 정신에는 좋은 것으로 생각하였다.

만약 모어와 같이 옛 수도원에서 자신만을 돌보고 살고 있다면 원하는 만큼 손빨래를 해도 좋다. 또한 스위스 샬레 풍의 산오두막에 살고 있다면, 직물을 짜며 묵상도 할 수 있다. 그러나 미국의 교외에서 일하는 모친이 집안일를 할 적에, 어느 정도 혼을 담은 의식을 고양할 수 있을지를 생각해 보길 바란다.

우물에서 물을 퍼 올리기 위해 하루에 몇 번이나 비틀거리고, 절구를 사용해 수작업으로 타피오카를 부수고, 장작으로 지핀 불에 아이들에게 정성을 들인 밥을 해줄 때 그녀는 과연 얼마나 행복할까? 그야말로 좋은 삶일까? 그녀는 아마도 자동세탁기를 요구하지 않을까?

가상현실의 라이프 스타일도 일상에서 흔히 접할 수 있는 인생의 틀 가운데 하나이다. 이것은 화면을 통해 가상현실의 세계에 사는 것이 가능하며, 또한 이것은 텔레비전 앞에서 시간을 쓰는 것이 가능한 퇴직한 고령자, 심심한 주부, 할 것이 별로 없는 10대 젊은이들에 의해 충분히 실험된 것이다.

마리아 스잘라비츠(Maria Szalavitz)는 가상세계에 푹 빠져가는 자신을 발견했을 때, 이 라이프 스타일의 한계에 대해 다음과 같이 말하고 있다.

> 원한다면 아무것도 부족한 것 없이 몇 주라도 그 안에 빠져 있을 수 있다. 음식을 주문하는 것도 가능하고, 돈을 관리할 수도 있으며, 사랑하는 것도 일하는 것도 가능하다. 사실, 우편물을 찾으러 가는 것과 신문과 음식을 사러 가는 것 때문에 가끔씩 나갈 뿐 집에서 3주간이나 지낸 적도 있다. 나는 대부분 TV 프로그램인 "96년의 뉴욕 블리자드 풍경"을 보았다.
>
> 그러나 잠시 후, 나는 인생 그 자체가 비현실적이라고 느껴지기 시작했다. 마치 기계 속에 녹아 버려, 데이터를 쑤셔 넣고, 그것을 뱉어내고, 또한 나 자신이 방송망의 일부분인 것처럼 느껴지기 시작한 것이다. 방송에 열중한 다른 사람들도 같은 징후가 나타나는 것으로 보고되었다. 결국 우리는 현실의 사회생활 틀의 밖에 있다는 나쁜 기분을 느끼기 시작했으며 이것은 마치 술집 안의 알코올 중독자 회의에 참가하여, 전원이 반쯤 마신

술잔을 들고 있는 것과 같았다.

결국 그녀는 60년대 환각제추방운동의 주창자로서 활동했을 때와 마찬가지로 현재 컴퓨터 매니아로서 살아갈 때에도 가상세계로의 도피라는 삶의 방식을 받아들일 수 없었다.

또 하나의 인생의 틀은 즉효약이다. 일반적으로 좋은 삶은 특정한 원칙을 굳건히 지키면 찾을 수 있다는 생각으로, 극단적으로 단순화된 믿음일 뿐이다. 이는 날씬해지기 위한 다이어트와 같은 것으로, 오래 지속되진 않지만 가능한 한 빠른 결과를 내기 위해 무언가를 하고 싶은 유혹을 느낀다.

그래서 더 즐거운 인생을 살고 싶어한다. 우선, 이런 것을 위한 치료법을 생각하지 않으면 안 된다. 밤늦게까지 너무 일하는 것은 안 되고, 아이들을 무시하는 것도 안 되며, 기름진 음식을 먹어서도 안 되고 에어로빅 강좌에 결석해서도 안 된다.

그런 다음 계획을 세워 5보다는 많고, 10보다는 적은 수의 프로그램을 계속하는 것이다. 단지 이것은 상상 속의 일이겠지만 단 몇 주만에 인생의 기쁨을 맛보게 된다는 생각이다.

중요한 건 이것이다. 좋은 삶이란 누군가 혹은 어떤 제도가 제공해 주는 인생의 틀이 아니라는 것이다. 종교적인 규범도 아니고, 민족적인 이상도, 가상세계로의 피난도 아니며, 그것은 기존의 치료법도 아니다.

그럼 도대체 무엇인가? 놀랍겠지만 그 대답은 다음과 같은 짧은 철학상의 우회로를 걸어 보면 알 수 있는 것이라고 믿는다. 어쨌든 가장 먼저 좋은 삶이란 의문을 던진 것은 철학자니까.

좋은 삶의 철학

> 경제적 기준은 어디까지나 하나의 수단이다. 참된 자기 기업은 미덕(Areté), 활동(Energeria), 미(Kalon), 우정(Philia), 실용적 지혜(Phronésis), 묵상 중의 지혜(Sophia) 등의 덕목에 의해 측정되는 것이다.

'좋은 삶'이란 용어를 만들어 낸 철학자는 아리스토텔레스(Aristoteles)이며, 이로써 그는 문명의 발전에 크게 기여하였다. 아리스토텔레스는, 생활은 목표를 갖고 있으며, 만물은 본래의 끝을 갖고 있다고 하는 것을 믿었다.

그리고 이것은 그의 일반론과도 일치하는 것이다. '끝'과 '목표'는 휴식 상태나 내세의 인생을 의미하는 것은 아니다. 반대로, 그것은 행복으로 번역되는 그리스말 에우데모니아(*Eudaimonia*)로서, '좋은 삶'의 근간을 이루는 것이다. 이 말을 엄밀히 해석해 보면, "만족으로 가도록 살며, 행동한다"가 되고, 최근의 해석에 의하면, "인간으로서의 번영"이나 "미덕에 의한 생활"이 된다. 결국 에우데모니아는 마음의 상태와 감각, 기쁨만이 아니라, 기쁨과 풍요로움과 미덕, 실용적 지혜와 우정, 묵상을 모두 포함하는 것이다.

아들 니코마크스(Nicomacus)에게 헌정된 아리스토텔레스의 「니코마크스 윤리학(Nicomachean Ethics)」에는 '좋은 삶'에 관한 설명이 있다. 이 책은 인생의 외면적인, 그리고 이상주의적인 틀에 의존하지 않은 생활의 고차원적 형태는 무엇으로 구성되어 있는가를 몇 페이지에 걸쳐 알기 쉽게 설명하고 있다.

에우데모니아는 자기 자신을 위해 선택한 활동, 즉 좋은 삶을 필요로 하는 것이다. 아리스토텔레스는 이것을 인생의 여러 단계에 있어, 모든 사람이 찾을 수 있다고 믿었고, 따라서 인간의 노예화에 반대하는 입장이었다. 이것은 당시에는 특이한 견해였다.

더욱이, 아리스토텔레스는 사회의 최고선으로서 참된 우정이라는 뜻인 필리아(Philia)는 개인의 성격이 잘 나타난 행동을 선택한 사람만이 얻을 수 있는 것이라고 믿었다.

이러한 아리스토텔레스의 사고에 동조한다면, 자기 기업은 자유의사에 의해 선택된 행동이며 그 활동 자체가 목적이라는 결론을 도출할 수 있을 것이다. 기업의 목표는 경제적 판단 기준에 의해서만 측정되는 것이 아니다.

경제적 기준은 어디까지나 하나의 수단이다. 참된 자기 기업은 미덕(Areté), 활동(Energeria), 미(Kalon), 우정(Philia), 실용적 지혜(Phronésis), 묵상 중의 지혜(Sophia) 등의 덕목에 의해 측정되는 것이다. 기업의 목적으로서의 '좋은 삶'은 생활의 전략이며 목표가 달성되도록 계산하는 것이다. 또한 그것은 기회에 의해 좌우되기도 한다. 사실, 에우데모니아의 어원은 박애정신이나 행운을 의미하는 데몬(Demon)이다.

아리스토텔레스 이후, '좋은 삶'의 철학은 키케로(Cicero)가 이 테마에 대해 쓴 것을 읽은 로마인들에 의해 계승되었다.

당시의 모든 로마 철학자들이 가르쳐 온 것을 전부 섭렵한 후에 키케로는 현인은 반드시 행복한 삶을 보내는 힘을 가지고 있다고 결론을 지으며, 이러한 생각은 모든 철학자들이 동의하는 바라고 했다. 키케로에 이어 로마의 도덕철학자 세네카(Seneca)나 마르크스 아우렐리우스(Marcus Aurelieus)는 실패, 불행, 비극을 낳는 조건이나 사건을 만났을 때, 만족하게 살기 위해서는 어떻게 살 것인가를 토론하는 데 많은 시간을 보냈다.

이 시대는 프랑스의 역사학자 미셸 푸코(Michel Foucault)의 마지막 작품인 「자기 관리, *Care of the Self*」 안에서 깊게 논의되고 있었다. 푸코는 자기발전이란 결국 점차 내면화되어 가는 일련의 기술, 실천, 경험을 의미하는 것으로 설명했다. 그리스어로 에피메레이아(*épiméleia*)는 개인적인 발전이나 혹은 "자기를 관리한다."는 것을 말할 때 사용되었다. 또한 이 시대에는 명상, 건강에 대한 주의, 독서, 편지쓰기, 개인적인 지침을 얻기 위해 친구와 대화하는 것이 만족하게 사는 최고의 수단으로 생각되었다.

그러나 우리들은 최근 이러한 윤리적 조류가 없어져 버렸다는 것을 알고 있다. 4세기에 아우구스티누스에 의해 시작되어진 에피메레이아는 좋은 생활은 지구상이 아니라 사후의 생활 속에 있는 것이고, 다만 중요한 것은 신의 제단 아래 엎드려 우리 영혼의 영원한 구제를 기도하는 것이 되었다.

오늘날 사회에서 좋은 삶이란

공자의 사상철학을 교육받은 아시아 사람들이라면 익히 알고 있을 법한 이 구절은, 사실상 자기개발의 기본이 되는 논리를 제공하는 것이기도 하다.
개발의 근원은 사물의 탐구에서 비롯되는 지식을 신장시키는 것이다.

아시아에서 공자는 깊고 지속적인 영향을 미치고 있다. 그는 자기관리란 마음을 관리하는 수신(修身)에서 시작한다고 명확하게 말하고 있다.

그런 다음에 가정을 적절히 관리하는 제가(齊家)의 길로, 조직과 나라를 다스리는 치국으로, 천하를 평정하는 평천하(平天下)의 더 큰 형태로 차츰 나아가는 것이 가능하다고 말한다. 신비적이라고 할 수 있는 유명한 유교의 경전인 「논어」 중에 공자의 이상은 선조의 지혜를 서술하는 것에 의해 표현되었다.

천하에 있어 미덕의 모범이 되기를 분명히 바랬던 선현들은 우선, 자신의 나라의 질서를 바로잡았다. 나라를 잘 다스리고자 했던 사람은 자신의 가정을 바로 통제했다. 가정을 바로잡고자 했던 사람은 우선 자기 자신을 연마했다. 자신을 바로잡기를 바라는 사람은 자신의 마음을 바로했다. 마음을 바로하고 싶은 사람은 우선 그 생각 속에 절대적인 성실함을 찾으려고 했다. 생각 속의 절대적인 성실함을 구하려는 것은 우선 지식을 구하는

것으로, 지식을 깊게 하는 것은 사물을 소상하게 아는 것을 의미하는 것이다.

공자의 사상철학을 교육받은 아시아 사람들이라면 익히 알고 있을 법한 이 구절은, 사실상 자기개발의 기본이 되는 논리를 제공하는 것이기도 하다. 개발의 근원은 사물의 탐구에서 비롯되는 지식을 신장시키는 것이다.

이것이 정확히 무엇을 의미하는가는 철학적 논의의 대상일 것이다. 이에 따라 그것은 불행히도 수많은 학자의 손에 의해 정교하게 분장되는 방향으로 흘러가고 말았다. 유교문제(confucian problem)란, 서양에서 과학적 방법으로 발전되어 온 적극적인 사물의 탐구와는 정반대의 방향으로 공자사상이 흘러가고 말았다는 것이다. 그래서 지식의 확충은 상급관리인 엘리트가 되기 위한 과거 시험에 합격하기 위해 공자의 고전을 암기하는 것이 전부가 되고 말았다.

원래 지식을 넓혀 가는 것은 19세기에 베를린 대학을 창설한 알렉산더 본 훔볼트(Alexander von Humboldt)의 공적에서 볼 수 있듯이 학생들이 오늘날의 대학과 같은 장소로 인도되어 나오는 것이었다. 즉, 베를린 대학의 학생은 자신의 연구방향을 스스로 결정하고 새로운 지식을 창조하기 위한 연구활동을 하여야 했다.

중국문화에 있어 공자사상의 가장 큰 결점은 중국사회를 점차 거대한 관료조직으로 변하게 했고 일반 국민에게는 어떤 권한이나 책임도 부여되지 않았다는 것이다.

공자사상의 본래 의미가 모택동 시대(대문화혁명)에는 묻혀 버렸을지언정, 지금은 사회발전에 있어 필수적인 근원이 되는 것으로 보인다.

인생의 경영목표로서 좋은 삶

> 인생을 어떻게 '관리'할 것인가의 문제가 도출된다.
> '관리'란 본래 공업화 사회에서 태동된 것이 아니라,
> 고대로부터 논리학과 함께 시작된 개념으로,
> 인생을 어떻게 준비할 것인가에 관한 것을 말한다.

　아리스토텔레스나 공자가 오늘날 기업이나 인생의 문제에 대해 대답을 제공해 주기를 바라는 것은 불합리하고 바보 같을 수도 있다. 그래도 이들에겐 놀랄 만한 의미가 있다.
　왜냐하면 철학적 윤리학에 있어서는 당신이 해야 할 것에 대한 규범을 정해 놓은 것이 아니라, 당신 스스로 생각하도록 하기 때문이다. 모세의 10계명, 불교의 팔정도(八正道), 이슬람교의 코란 등에 존재하는 계율이 없다는 점에서 이들은 종교적 윤리학과는 다르다.
　그 때문에 아리스토텔레스와 공자는 인생의 경영으로서 '좋은 삶'은 무엇인가를 이해하기 위한 뛰어난 틀을 제공해 줄 수 있는 것이다. 그들은 우리가 본질적인 문제에 접근하는 것을 도와 주지만 답 그 자체를 제공하지는 않는다.
　'좋은 삶'의 사고방식에 꼭 들어맞는 듯한 인생을 중년이 지나서야 개척한 캐메론(Robert Cameron)에게 물어 보니, 다음과 같은 이야기를 해주었다. 화장품 회사의 경영자이던 캐메론은

10년 동안 매일 밤, 회사가 있는 뉴욕 그랜드 센트럴 역(Grand Central Station)에서 집이 있는 롱아일랜드 사운드 방면(Long Island Sound)으로 향하는 오후 5시 31분발 전차를 타고, 전차가 자신의 하차역에 도착할 때까지 제일 마지막 칸에서 친구와 트럼프를 하곤 했었다.

캐메론은 그 10년 동안 11번, 차장이 사람들을 운송하고 있는 것을 목격했다. 운송되고 있는 사람들은 전차에 늦지 않으려고 달려, 자리에 앉자마자 몇 분 후에 심장마비로 죽은 사람들이었다. 캐메론은 11번째 사고를 목격한 뒤, 이번 샌프란시스코의 25번째 출장을 마지막으로 할 것을 결심했다.

"뉴욕에 돌아와 가족에게 모든 것을 팔아 샌프란시스코로 이사갈 것을 선언했다. 뉴욕의 생활 시스템은 늙은 사람에겐 부담이 너무 컸으며, 사망 통계치의 한 사람으로 남고 싶진 않았기 때문이다. 나 자신의 인생에 있어 즐거운 무엇인가를 하고 싶었다."

그래서 그는 58세 때, 항공 사진사 겸 출판인으로서 전혀 새로운 인생을 시작했다. 또한 이런 새로운 도전에서 눈을 돌리고 싶지 않았기 때문에 자신의 책은 자신이 출판하기로 결심했던 것이다.

"나는 책 사업에 있어 돈을 버는 것은 작가가 아닌 출판업자들이라고 이해하게 되었다. 그렇지만 출판의 작업을 하는 것은 앞을 정확히 예측할 수 없는 거대한 도박이기도 하다. 그러나 나는, 내 스스로가 나의 책을 출판함으로써 그것을 성공으로 이끌 수 있을 것이라고 생각했다."

정말 그렇다. 오늘날 캐메론은 세계 최고의 항공 사진가로서 많은 돈을 벌고 있고, 83세로 이 분야의 최고령자이기도 하다.

1964년 이후 좋은 책을 하나씩 냈는데, 비행기가 공중에서 정지한다면 도시의 거리가 어떻게 보이는지를 찍은 것이다.

이는 '상공에서'라는 시리즈로 출간되게 된다. 인생을 즐기며 생활하는 방법을 생각해내는 많은 사람들처럼, 캐메론은 특이한 관점에서 캐리어를 찾은 것이다. 대학을 나온 후 프랑스를 여행한 경험을 거쳐, 결국 촬영기사로 활동하기 위해 고향인 아이오와주 데 므완너(Des Moines)로 돌아왔다.

캠프나 공장을 촬영하기 위해 육군성에서 일하는 것을 자원하였고, 거기서 항공 사진가로서의 의미를 깨닫게 된 것이다.

캐메론의 「로스앤젤레스 상공에서」는 1976년 출판되어 16만 부가 팔렸다. 그 후 '상공에서' 시리즈는 하와이(1977년), 워싱턴 D.C.(1979년), 런던(1980년), 요세미테(1983년), 파리(1984년), 뉴욕(1988년), 시카고(1992년) 등이 있으며 아직도 계속되고 있다. 캐메론은 그 성공의 비결을 이렇게 회상한다.

만약 다른 어떤 사람이 했다면 한 권에 50달러 이상 했겠지. 그러나 내 책의 가격은 싸다. 왜냐하면, 나의 책은 일반관리비가 얼마 들지 않기 때문이다. 나의 비즈니스 철학은 항상 사람들이 원하는 것을 만들어 적정한 가격에 제공하는 것이다.

스탭은 세 명뿐이고, 판매조직도 없으며, 대단한 광고를 한 것도 아니지만, 캐메론의 '상공에서'는 500만 부 이상 팔렸다.

키가 크고 백발에 밝은 회색 양복을 말쑥하게 차려 입은 캐메론은 완벽에 가까운 사진을 찍기 위해서는, 도시의 상공에서 낮게 나는 헬리콥터에서 가죽 벨트 하나에 매달린 채 몸을 내맡기는 것은 문제로 삼지도 않았다.

그는 우리가 인식하고 있는 범위 이상의 것을 찾아내는 사진 촬영 장르의 개척자로서 평판이 높다. 표준 35mm 카메라의 4배가되는 크기의 펜탁스(Pentax) 6×7cm 크기의 카메라를 이용, 거기에 제 2차 대전 중 기술자에 의해 발명된 10폰트 자이로스태빌라이저(Gyrostabilizer)를 붙여 특별 렌즈의 기술을 구사하고 있다.

  이것을 최초로 했던 때는 세계에서 나 혼자만 할 수 있었지만, 지금은 25인 정도가 할 수 있다. 마치 도박과도 같은 일이지만, 160페이지 4색 인쇄의 작품을 만들고 싶다는 의지 때문에 모험하는 것이 가능하다. 책을 판매하기 전에 이미 수십만 달러의 거금을 써야한다. 한밤중에 앉아 이렇게 혼자서 말하게 된다. '잠깐 기다려, 도대체 무엇 때문에 이런 일을 하는 거야! 이 할아버지야!'

이상 '좋은 삶'의 어원에 대하여 길게 설명하였다. 그러나 기존의 철학자는 오늘날의 세상 문제를 모두 해결해 주는 것이 아니다. 그대 스스로 자신의 인생을 재음미하고 미래의 기업을 똑바로 발견해야만 한다.

거기에서 어떻게 인생을 관리할 것인가의 문제가 도출된다. 관리란 본래 공업화 사회에서 발명된 것이 아니라, 논리학과 함께 시작된 고대로부터의 개념으로, 인생을 어떻게 준비할 것인가에 관한 것을 말한다.

그리스인과 로마인 또 15세기 르네상스시대의 위대한 교육자인 스페인의 비베스(vivés), 암스테르담의 에라스무스(Erasmus), 프라하의 코메니우스(Comenius), 초기 프로테스탄트 수도사들 그리고 계몽 철학자들에 이르기까지 수많은 사람들이 인생의 관리에 대한 문제를 연구했다.

금세기에 들어서, 직장을 위한 조직 관리의 연구와 그 폭발적인 발전이 이 테마에 큰 영향을 주었다. 그러나 이런 초기의 원천에 대해 쉽게 잊어버리고 또한 자기 관리는 회사의 관리와는 전혀 다르다는 사실을 무시하는 경향이 있다. 물론, 몇 개의 부분적으로 중복되는 것이 있고, 오늘날의 관리(management) 개념도 어느 정도는 개인에게 적용하는 것이 가능하지만.

그러나 차이점이 유사점보다 많다. 가장 중요한 것은 선진 사회에서는 매니지먼트에 관해 공업화적인 구시대적 개념이 변화하고 있으며 개인의 효율성은 더 이상 조직의 연장선에 놓여있는 것이 아니라, 새로운 경제와 새로운 사회의 중심에 있다는 것을 알아야 한다는 점이다.

Step 3 : 시장을 잘 이해한다

자기다움이라는 정체성

"나는 누구인가?"라는 의문이 철학적, 이념적 수준에서 실천 수준으로 옮겨 왔을 때 자기다움이라는 정체성 문제는 다른 각도, 즉 시장에서의 관점에서 고려되어야 한다.

자기 기업화에는 인생철학도 중요하지만, 생존 가능한 기업을 만들기 위해서 철학만으로는 불충분하다. 기업은 관리를 필요로 하고, 시장을 향해 나아가지 않으면 안 된다.

다이안 하웰(Diane Howelle)은 아프리카계 미국인으로 여성임상심리학자로서 교육을 받았고 자기 자신의 직업 형성과 자기 기업화에 대한 여러 가지 이해를 하고 있었다. 그녀는 다른 사람들이 시장에 나가는 것을 돕는 일이 필요하다고 생각하게 되었다.

이제까지 많은 경우에 아프리카계 미국인이 정확한 자신의 경제력에 관한 어떤 이해도 갖고 있지 않다는 사실을 깨닫게 되었습니다. 연방과 주와 시에 의지해 이것저것 요구하며 돌봐 달라고 하는 것은 안 됩니다. 자신이 자신을 위해 이제부터 모든 일을 자신의 손으로 해나가는 법을 알아야 한다고 믿게 되었습니다. 다른 흑인들을 부자로 만드는 것에 의해 보람을 느낄 수 있다면 정말 행복한 일이라고 생각했습니다. 어떻게 해서 이 목표를 달성할 것이며, 어떻게 스스로의 일을 지탱할 수 있을지의 문제는 여전히 불확실했지만, 그래도 내부에서 솟아오르는 것을 따라 활동에 활동을 거듭하면 반드시 그렇게 되리라고 믿었습니다. 이것이야말로 내가 반드시 해야 하는 일이라고 생각했습니다.

그녀는 1989년, 심리학자로 개업을 하는 한편, 고향인 캘리포니아주 오클랜드에 살고 있는 대부분의 아프리카계 미국인의 경제력 향상을 도모하기 위한 출판물을 내기로 했다.

"흑인 비즈니스 목록"은 3만 5천 부 발행의 월간 신문으로 기사, 광고, 안내, 이벤트 스케줄을 통해 베이 에어리어(Bay Area)를 기반으로 한 흑인 비즈니스를 증진하기 위한 목적을 가지고 있었다.

하웰은 깨어 있는 시간의 대부분을 식탁에 있는 컴퓨터를 사용해 신문을 만드는 데 사용하였다. 1991년까지 하웰은 북캘리포니아는 물론, 로스앤젤레스판 발행을 검토하기에까지 이르렀으나, 1993년 초에 대부분의 회사가 재정 문제로 인해 광고 계약 갱신을 해주지 않자, 로스앤젤레스판의 발행을 중단하게 되었다.

아마 로스앤젤레스판 준비를 하지 않았다면 올해 초처럼 고난에 빠지는 일은 없었을 것이라고 생각합니다. 상황이 나빠지기 시작했을 때, 자신이 하고 있는 일이 과연 옳은 것인가 하는 의문이 생깁니다. 하지만 그 자체가 나쁜 것은 아니라 생각합니다. 포기하는 것이야말로 나쁜 것이죠. 안전하게 이루어 온 성공은 시시하게 느껴집니다. 그리고 이것을 자신에게 끊임없이 타이르고 있습니다.

신문을 만들기 전에 하웰은 심리학자로서 10만 달러에 가까운 연봉을 받았다. 심리학자로 번 돈은 신문을 만든 1년 반 동안에 모두 써버리고 말았다. 그 이후 회사의 경비를 충당하기 위해 몇 번의 개인 융자를 받았다. 신문의 수익은 그 출판 경비를 충당하기에 충분한 금액이지만, 하웰은 아직 자신의 급여를 받고 있지 않다. 일주일에 한 번 몇 명의 의뢰인의 심리 상담을 함으로써 수입의 부족부분을 메운다.

비즈니스를 하는 것은 마치 유치원으로 돌아가는 것 같은 느낌이에요. 아직도 배워야 할 수업이 많이 있습니다. 현 시점으로는 아마 고등학생 정도일 것입니다. 그러나 해야 하는 것을 확실히 하면 필요로 하는 것들을 반드시 얻을 수 있다는 것을 배웠습니다. 현재 나는 나 자신의 내면과 외면을 잘 조화시키고 있다는 느낌이 듭니다. 나는 이것에 대해 일체감을 느끼는데, 그것은 내가 선택한 자리에 있기 때문이 아닐까 생각합니다.

다이안 하웰의 사례는 시장에 진출하는 것은 이윤만이 그 동기가 아니라는 것을 나타내주고 있다. 다른 사람들을 도와 줌으로써 자기 자신이 최대한의 만족감을 느낄 수 있는 기업을 발견했기 때문이다.

그러나 비록 높은 이상을 갖고 있다 하더라도, 시장에서 자신을 처신할 때 유치원생으로 돌아가지 않으면 안 된다. 기업을 둘러싼 경제적 측면에 있어서 자기 기업을 관리하는 데는 두 가지 기본적인 문제를 정확히 고려해야 한다.

① 시장 속에서 자신의 기업의 존재를 명확히 한다. (한계를 정하고 특성을 정의한다.)
② 자원과 자본을 만들며 늘려 나간다
　"나는 누구인가?" 라는 의문이 철학적, 이념적 수준에서 실천 수준으로 옮겨 왔을 때 자기다움이라는 정체성의 문

제는 다른 각도, 즉 시장에서의 관점에서 고려되어야 한다. 자기 기업화를 시장의 관점으로 파악하는 것에는 세 가지의 구성요소가 존재한다.

첫째, 강한 정체성을 만들고 필요하면 재구성한다.
둘째, 정체성에 명확한 이미지를 부여한다.
셋째, 시장에서의 이미지에 정확한 위치 매김을 한다.

자기다움을 쌓는다

물고기에 대한 중국의 속담으로 되돌아가자면, 사원재교육 전문가들은 낚시 바늘과 낚싯줄을 주어서 스스로 물고기를 잡을 수 있도록 도와 주는 일을 한다고 볼 수 있는 것이다.

심리학에서 말하는 정체성(Identity)은 자기(Self)나 자아(Ego)라는 개념에 의미를 부여하는 다음의 요소, 즉 육체의 감각, 감정, 기억, 가치, 태도, 선호, 행동양식, 이름 등을 모두 포함한 복합적인 개념이다. 정체성은 이 심리학적인 요소들이 한데 얽혀 인생의 다양한 단계에서 변화를 거친 후, 많게 혹은 적게 남아 있게 된다.

정체성은 어떻게 형성되는 것일까?

우선 사회적 정체성은 외부의 영향을 바탕으로 만들어진다. 주요한 외부영향으로는 출생지, 인종, 사회적 위치, 가족적 배경, 종교 등을 들 수 있다. 이것들이 내면화되어 자기 자신을 규정할 때 중요한 부분이 되기도 하며, 때로는 느슨한 결합체가 되거나, 그 모두를 받아들이지 않을 수도 있다.

둘째, 정체성은 내면의 성숙이나 개인적인 경험, 파트너나 일의 선택에 의해 만들어지기도 한다. 여기서도 역시 개인에 따라 이런 요인이 미치는 영향력은 강하거나 약할 수도 있다.

셋째, 가장 중요한 정체성의 원천인 자기 인식과 자기 완성을 들 수 있다.

60년대 후반에 이루어졌던 대학생의 정체성 형성과정연구는, 어떻게 정체성을 형성할까 하는 질문에 관한 좋은 대답을 제시해 준다.

아서 치커링(Arthur Chickering)이 1969년에 저술한 「교육과 정체성」은 이 주제에 대한 고전이라 할 수 있다. 이 책은 10판을 거듭하며 30년이 지난 지금까지도 읽혀지고 있다. 치커링은 아래의 그림과 같이 7개의 '발전 벡터(Vector)'를 제시함으로써, 정체성의 형성을 설명했다.

① **정체성의 확립** 강인한 정체성을 획득한다는 것은 성인이 된 사람이 자신에게 친밀하지 않은 경험은 거부하고, 자신의 정체성과 공감하는 부분만 체험해 가는 과정이다. 그것은 또한 자신이 어떤 사람인가를 나타내기도 하며, 여러 가지 사회적 역할을 통합하는 것이기도 하다. 또한 사람들과

도표 1

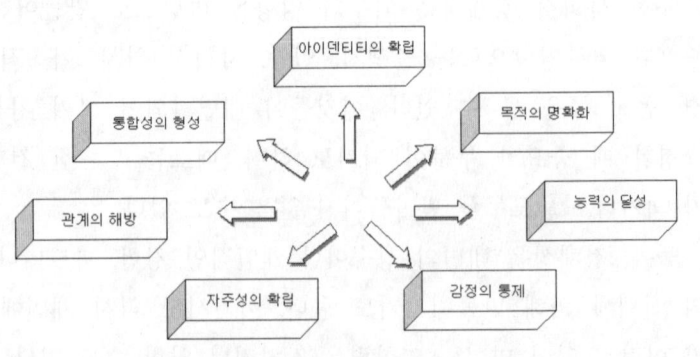

함께 있는 사회적 상황 속에서 자신을 정확히 나타낼 수 있는 행동과 태도를 확실히 하기 시작하는 것이라고도 할 수 있다. 치커링은 '정확히 정리된 자아'가 학습의 성공을 촉진시키고 동기를 강화하며 상상력과 호기심을 활발히 하고 새로운 경험을 쌓는 것을 돕는다고 밝히고 있다.

② **목적의 명확화** 심리학자는 계획과 목적을 만드는 데 있어서 행동과 함께 지식과 판단력이 관련되어 있다는 것을 입증하였다. 젊은이들이 주로 묻는 질문은 "나는 누구인가?"에만 한정되지 않는다. "나는 무엇이 될 것인가?", "나는 어디로 가는가?"라는 질문도 함께 포함되어 있다. 목적의 확립은 다음 세 가지 영역에 대하여 명확성과 신념을 가지고 대답할 수 있을 때 가능한 것이다. 이 세 영역은 첫째 프로 또는 아마추어로서의 관심을 품는 흥미, 둘째 계획과 소망하는 것 그리고 마지막으로 바람직한 라이프 스타일이란 무엇인가에 관한 자각이다.

③ **능력의 달성** 치커링은 인간의 수행 능력을 세 가지로 분류하고 있다. 첫째는 지적 능력이다. 둘째는 신체적, 기술적 자질의 획득이다. 세 번째는 사회적, 대인관계 처리 능력이다. 치커링은 능력에 관해 가장 중요한 것은 이 중의 어느 것이 아니라 다양한 자질을 획득하고 거기에 익숙해짐으로써 이루어지는 '능력 감각'이라고 하였다. 교육은 여러 가지 요구에 부응하거나 목표를 달성하기 위한 능력에 자신감을 갖도록 하여야 할 것이다.

④ **감정의 통제** 여기에서는 공격성과 성적 충동, 공포와 불안, 희망과 쾌락을 인식하고 통제하는 것을 포함한다. 개인으로서 인간은 여러 가지 감정을 폭넓게 경험해 보고 그것이

자신과 타인에게 미치는 결과에 대하여 잘 생각해 보아야 할 필요가 있다. 치커링은 교육은 감정의 범위를 넓혀가고 그 결과를 생각해보고 자신을 표현하는 방법을 발견하는 것에 끊임없는 노력을 기울여야 한다고 밝히고 있다.

⑤ **자주성의 형성**   이것은 이제까지 자라왔던 가족구조에서 벗어나고 부모의 통제에서 해방되는 것에서부터 시작된다. 그것은 친구나 권위자의 동의 없이 자신이 필요하다고 생각한 것을 행동할 수 있는 것을 의미한다. 주체성을 강하게 인식함에 따라 흥미를 추구하거나 중요한 신념을 지키기 위해 평판이라든가 지위, 우정을 잃을 것을 각오하고 행동하게 되기도 한다. 치커링은 자주성은 다음의 세 가지 단계를 거쳐 형성된다고 보고있다. 첫째 정서적 측면에서 독립심의 발달(끊임없이 확신, 애정, 찬성을 구하는 것으로부터 해방된다), 둘째 구체적 독립성(행동의 수행, 문제의 대처, 유연한 능력), 셋째 책임감의 인식이다.

⑥ **관계의 해방**   치커링이 말하는 바에 의하면 관계 해방이란 개인이 더 열린 마음을 가지고 인간관계를 확대해 나가는 것, 예를 들면 같은 배경과 신념체계를 공유하지 않는 사람과의 인간관계에도 참여하게 되는 것을 말한다. 주체성 감각이 강하게 되면 광범위한 사회적 접촉 가운데서도 편안하게 있을 수 있게 된다. 그것은 또한 개성이 서로 다름을 존중하고 관용으로 인정하는 것에 의하여 친교나 우정관계를 발전시키는 기반이 된다. 마지막으로 관계의 해방은 자신의 정체성에만 의존하는 것이 아니라 상호의존의 네트워크 속에서 좀더 활동적인 능력을 배양하는 것을 의미하는 것이다.

⑦ **통합성의 형성**   이것은 개인행동에 가이드라인을 제공하

는 여러 가지 신념체계를 개인이 어떻게 하면 명백히 할 수 있는가 하는 문제이다. 치커링은 통합성에도 세 단계가 있다고 했다. 첫째, 일반적인 외부의 규칙을 현실의 생활에 적응해야만 하는 단계, 둘째 몇 개의 가치가 내면화되어 개인의 정체성을 형성하는 단계, 셋째 육체적, 심리적, 사회적 또는 경제적 협박과 위협에 직면했을 때 자신이 품고 있는 가치에 어긋나지 않게 도덕적인 행동을 할 수 있는 단계이다.

치커링은 미국교육회의의 부회장을 역임할 당시, 1960년대 미국 캠퍼스가 정체성 의식을 높이는 데 필요한 교육을 충분하게 제공해 주고 있지 못하다는 사실을 걱정했다. 하지만 대학측이 이런 측면에 관심을 가질까 하는 것이 의문이고, 그 대답 역시 부정적이다. 심지어, 비즈니스 교육의 수준에서조차 실생활을 위한 준비는 미비하게 이루어지고 있는 것이다. 과연 고등교육의 범위에서 정체성 형성을 위한 교육을 조직화할 수 있는지 의심스럽다.

캔터베리에 있는 켄트 대학의 2명의 영국 교수는 이 문제점에 대해 이렇게 서술하고 있다. 고용주들은 강한 정체성이나 자신감, 그리고 사회적 자질을 가진 졸업생을 채용하려 한다. 그러나 이런 것들을 가르쳐야 하는 기관에서는 완전히 반대의 것에 기반을 둔 채 교육하고 있다. 즉, 직위, 고용보장, 엄밀한 승진단계를 통한 정체성 형성을 기본으로 하고 있는 것이다. 필립 브라운과 리처드 스케이스는 「고등교육과 기업현실」이라는 책에서 대학이 그들의 교직원을 관리하는 방식에서도, 변화하는 세상에서 정체성 확립을 이루는 방향으로는 어떠한 진행도 이루어지지 않고 있다고 지적하였다.

교육과 정체성을 성공리에 연결시키기 위해서는 새로운 틀이 요구될 것이다. 그런 과정은 보다 높은 차원의 교육을 시작하기 전에, 젊은이들에게 팀 학습과 개인 상담을 통한 지원을 해줌으로써, 직무는 일생을 통해 몇 번이나 변화한다는 것을 준비시켜야 한다.

자신감은 정체성의 강함을 측정하는 척도이다. 자기 이미지는 스스로 통제할 수 있는 범위 내에서 타인에게 투영되는 것을 느끼는 것이다.

최근 자기 기업화의 기반으로서 강한 정체성에 대한 관심이 높아지고 있는데, 그에 대한 징후로서 최근 학부모들이 아이들의 자신감의 유무에 대해 우려하고 있다는 점이다.

OECD의 최근의 교육관계 출판물에서는, 학부모들이 아이들로 하여금 자신감을 기르도록 하는 것이, 수학이나 과학, 사회와 같은 전통적인 테마를 교육받는 것보다 중요한 일임을 인식하고 있다는 사실을 보여 준다.

<도표 2>의 미국 프랑스 영국 스페인 네덜란드 스위스(일본과 독일 자료 제외) 모집단의 대답에 관한 내용을 담은 1995년 OECD 교육지표라는 발간물에서 살펴보면, 자신감이 직업교육이나 학문을 계속하기 위한 교육에 대해서 수학이나 과학 등 필수과목보다 더 중요하다고 나타났다. 또한 <도표 2>에서는 미국인이 수학에 큰 비중을 두고 있다는 것을 알 수 있다.

오늘날 유연성 있는 노동시장에서 정체성은 한번 만들어져서 그것으로 끝나는 것이 아니다. 직무를 쌓아가는 동안에 계속해서 재정의되어야 하고, 때로는 새로운 정체성을 형성하기 위해 처음부터 다시 시작해야 하는 경우도 있다.

이런 필요성을 인식하여 탄생하게 된 새로운 직업이 소위

도표 2

	자신감	직업교육	학문을 계속하기 위한 교육	수 학	과 학
미 국	89	94	90	96	85
프 랑 스	93	91	84	88	63
영 국	89	91	……	93	66
스 페 인	75	77	73	73	65
네덜란드	90	80	83	69	64
스 위 스	93	89	86	82	63
평 균	88	87	83	83	68

'퇴직지원제도(Outplacement)'로, 쉽게 말하자면 '직무재교육'이라 할 수 있다. 대부분 많은 사람들은 직무재교육을 사원을 내보내거나 이동시킬 때 회사가 이용하는 방침이라고 생각하고 있다.

즉, 사원재교육 담당업체에 전화를 해서 "이러한 해고 대상자들이 일을 발견할 수 있도록 도와 주면 돈을 지불하겠소"라고 말한다는 것이다. 하지만 일반적인 사람들의 생각과 현실과는 거리가 있다. 사원재교육을 전문으로 하는 사람들이 일을 발견해 주는 것은 아니기 때문이다.

물고기에 대한 중국의 속담으로 되돌아가자면, 사원재교육 전문가들은 사람들에게 낚시 바늘과 낚싯줄을 주어서 스스로 물고기를 잡는 것을 수 있게 도와 주는 일을 한다고 볼 수 있는 것이다.

전형적으로, 직무재교육을 전문으로 하는 사람들은 회사 내 사원재교육을 실시하려고 하는 회사들과 계약을 맺는다. 대부분의 경우, 이러한 사원재교육을 담당하고 있는 회사를 선택할 때, 회사 자체가 아닌 가까운 사람들에 의해 제안을 받게 된다. 사원재교육은 개개인의 정체성에 초점을 맞추는 것에서부터 시작되며, 무엇보다도 사원재교육의 대상이 되는 사람들의 경험을 살려 현실적 계획을 다시 세워 주는 것에 중점을 둔다.

파리에서 활동하고 있는 사원재교육 전문가 장 클로드 스튀츠(Jean-Claude Stutz)는 1993년 9월 27일 나와의 인터뷰에서 직무교육에 대한 다음의 견해를 말해 주었다.

> 직업을 잃은 사람들은 일찍이 회사에 의해 용의주도하게 준비된 경우에도 정체성의 상실을 경험한다. 자신을 프로라고 자부하거나, 일 할 능력이 있다고 말할 수 있는 입장이 아니어서 충격에 빠지게 되는 것이다. 그래서 많은 사람들이 실망하고 의기소침해 한다. 또한 처음에는 해방감을 맛보았던 사람들조차도 무엇을 하면 좋을지에 대한 문제에 직면하는 것이다. 직무재교육의 담당자로서의 일은, 먼저 사람들의 이야기를 충분히 들어주고, 새로운 정체성을 만들어 갈 수 있는 계기를 제공, 장래의 인생을 위한 현실적인 계획을 재구축 하도록 도와 주는 것이다.

대부분 이 분야의 컨설턴트는 대상이 되는 사람의 이야기를 잘 들어주는 것에서부터 직무를 시작한다. 그리고 자신감을 가지게 한 후 자기평가 프로그램으로 이행, 원하는 새 직업을 설정토록 하게 한다. 컨설턴트의 업무는 여기서 끝나는 것이 아니라, 의뢰자가 새로운 직업을 찾은 후에도 일에 잘 적응할 수 있도록 조언을 계속한다.

직업전환 컨설턴트는 그 의뢰인이 새로운 자기 기업화를 조직하는 것을 돕기 위해 다음과 같은 질문을 던진다.

- 인간으로서 자신은 무엇인가?
- 직업인으로서 자신은 무엇인가?
- 개인으로서 특성은 무엇인가?
- 자신의 자질은 무엇인가?
- 장래 무엇을 하고 싶은가?

장 클로드 스튀츠는 사람마다 모두 다른 경우를 가지고 있음에 유의해야 한다고 역설한다.

두 명의 사람이 매각된 회사의 경리부에서 회계를 했다고 하자. 그 회사에서 직위, 직무에 관해서는 두 사람의 일의 정체성에 차이가 없다. 그러나 기업으로서 그들에게는 큰 차이가 존재한다. 그 차이는 그들이 각각 장래를 운영하고 관리해 가는데 열쇠가 된다. 한 사람은 컨설턴트 일을 시작할지도 모른다. 그리고 다른 한 사람은 학교의 선생님이 될 수도 있다. 여기에 대해 스튀츠는 이렇게 말하고 있다.

자기 기업화는 직업에 관해 신문에서 읽는 것과 전혀 다르다. 예를 들어, 컴퓨터업계에서 일한다고 가정하자. 당신이 읽으려는 신문에는 전 직원 해고라고 쓰여 있다. 사실 어떤 업계에서도 이런 기사가 실릴 수 있다. 그러나 개인의 생각은 각각 다르다. "내가 찾고 있는 모든 것은 내 자신을 위한 일입니다." 라고 말할 때 모든 전망이 다 바뀐다. 직원을 해고한 기업에서는 아웃소싱(외주)으로 업무를 처리하기 위해 업체를 찾을지도 모르며, 아마 파트타임 노동자나 또 1년 계약의 근로자를 원할 수도 있다. 나의 경험상 경제활동의 분석 등에 시간을 소비하고 멍하니 있는 사람들은 새로운 활동을 찾는 사람보다 일을 발견하는 데 훨씬 더 많은 시간이 든다.

스튀츠는 인간적인 접근법을 사용하고 있다. 그는 경청하고, 자신감을 가지게 하는 것이 일 찾기의 마케팅 도구를 주는 것보다 훨씬 더 중요하다고 믿었다.

스튀츠 자신은 25년간 한 회사에서 성공적인 업무를 계속한 후에 해고되었다. 그는 55세에 우울증을 경험한 후 전혀 다른 방향으로 나가게 되었다.

자신은 실의에 빠져 조기은퇴를 할 수 있지만, 자신이 겪었던 괴로웠던 경험을 살려, 다른 사람들로 하여금 정체성을 발견하고, 인생의 흐름을 성공으로 이끄는 것을 돕고 싶었다.

일을 발견하는 것은 이미 과다경쟁이 되고 말았다. 그러나 정글과 같은 인생의 경쟁터에서 살아가라는 말이 아니다. 일의 의미는 개인이 기업으로서 창조적 해결책을 발견하는 능력을 발휘하며 사회를 살기 좋은 곳으로 바꾸기 위한 책임을 완수하는 데 있다. 내가 직업재설정에 흥미를 느끼는 이유는 보통 사람이 회사에 나가고 있는 때보다 한층 깊은 수준에서 일하는 것의 의미를 깨닫게 하고, 자기 자신을 재설정해야 하는 상황에 있는 사람들에게 봉사할 멋진 기회를 제공하기 때문이다.

자기 이미지를 투영한다

안타깝게도, 현실에서는 타인이 당신을 보듯 당신이 자기 자신을 보는 것은 어려운 일이다. 하지만 자신의 이미지가 어떤 것인가를 알기 위해서는 피드백(Feedback)의 과정이 필요하다. 많은 회사에서 사용되고 있는 것으로 '360도 평가법'이라는 관리 기술이 있다.

가령 그곳이 출발 지점으로서는 최적의 장소라 해도 자기 자신을 알고 있는 것만으로는 충분하다고 할 수 없다. 자신의 이미지를 확립하여 다른 사람에게 투영시킬 필요가 있고, 또한 그 이미지에 숙달될 필요가 있다.

이런 점이 로라 게이츠(Laura Gates)가 33세의 나이로 광고회사를 시작했을 당시 직면했던 문제점이었다. 그 일은 샌프란시스코에서 여성이 소유한 비즈니스를 촉진하는 것에 초점을 맞춘 기업이었다.

"여성은 다른 기업의 광고를 해주는 것에는 능력이 있지만 정작 자기 자신의 비즈니스를 홍보하는 것을 잊기 쉽습니다. 나의 목표는 자신의 성공비밀을 말하는 여성경영자를 더 돋보이도록 하는 것입니다."

이미지를 어떻게 관리할까? 나는 고급 호텔 체인 마케팅 계획에 손대기 전에 이 문제를 완전히 이해하지 못했다. 여러 호텔 체인의 창업자의 몇 명은 성공리에 호텔을 경영해 나

도표 3

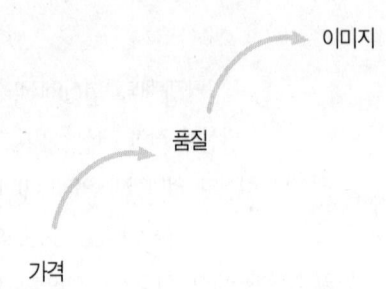

가는 것을 첫째도 입지, 둘째도 입지, 셋째도 입지라는 명언을 하였다.

그래도 그것이 쉬운 일이 아니라는 것은 알고 있다. 마케팅의 달인인 이안 오스본(Iain Osborne)을 만나고 나서야 비로소, 마케팅의 배후에 있는 것들을 이해하게 되었다. 그는 고급 이미지를 향수, 스포츠용품, 호텔 등에 제공해 온 사람이다. 그는 그림을 그려가면서 이미지의 가치를 나에게 설명해 주었다.

이미지의 단계에서 고객은 해당제품과 서비스를 경험하지 않아도 그것이 최고라고 하는 것을 일단 알게 된다. 또 인간의 경우, 그 이름이 하나의 트레이드마크가 된다.

품질의 측면에서 당신은 고객이 원하는 바를 알아야 하고 그들의 기대를 만족시켜야 한다. 왜냐하면 가격만으로 경쟁을 할 때는 고객은 금방 옆의 경쟁상대에만 눈에 띄어 당신이 갖고 있는 본래의 장점은 알아채지 못하기 때문이다.

매일 밤, 호텔의 객실을 판매하고 있다고 가정해 보자. 가격만으로 경쟁한다 것은, 고객이 주어진 일정한 범위 내에서 그 지역에서 가능한 싼 가격의 호텔 방을 찾는다는 것을 의미한다. 고객은 브랜드 이미지에 관해서는 아무것도 모르며, 마음에 담아두지도 않을 것이다.

질의 단계에서 고객은 여러 종류의 기대를 하고 있다. 이런 고객에 대해서는 정보를 확인하고, 세세한 곳까지 마음을 써서 빈틈없이 대처해야 한다. 그렇지 않으면 계속 영업을 할 수 없게 된다. 따라서 고객이 민감히 받아들이는 특성과 여기가 만족점이라는 것을 평가해 표준화시킬 필요가 있다. 이제는 이 특성을 선전하고 브랜드 이미지에서 그 특성을 부각시킬 차례이다.

미국 브랜드의 다수는 이 과정을 잘 수행하고 있기는 하지만, 반드시 고급품으로 분류되는 것은 아니다.

고급 단계에 이르면 이미지는 표준화가 아닌 개인성을 갖게 된다. 그것은 패키지가 아니라 어떤 종류의 신비성을 동반한 분위기를 갖는 것이다. 아무튼 고급품은 인생의 진가를 맛보는 감각을 높이게 된다.

그것은 자기 이미지에 부합하게 된다. 도시의 어느 호텔이라도 자유롭게 선택하는 것이 가능하다면 고급 호텔은 "이곳만이 자신의 호텔이다"라고 고객이 자랑스럽게 말할 수 있을 만한 것이어야 한다.

이런 이미지는 세부적인 수많은 사람들을 통해서 관리된다. 여기서 목표는 호텔이라는 상황에서 아리스토텔레스가 말한 '좋은 삶'을 구축하기 위한 모든 것을 하는 것이다. 호텔에 걸어 들어가면 자신의 이름이 불려진다. 눈에 띄는 모든 것이 아름답다. 예술작품, 대리석, 생화를 비롯하여, 조화된 방의 구조, 도시 한 가운데 있는 멋진 정원까지. 방에 들어가면, 책상 위엔

총지배인이 보낸 환영의 인사장과 장미 한 송이가 놓여져 있고, 침대 옆 램프에는 초콜릿, 욕실에는 몇 개의 향기 나는 비누가 있다.

특히 멋진 것은 물론 세세하고 민첩한 서비스, 더할 나위 없는 요리, 깔끔하고 청결한 린넨으로 덮인 침대, 요구하기 전에 신경을 써주는 서비스 등 모든 것이 철저히 되어 있다는 것이다. 또한 고급호텔에 있어 굿 라이프 또한 고객 개개인에게 전달되는 사회적 이미지 그 자체이다. 단순한 고객이 아니라 귀빈인 것이다. 이와 같이 선택된 호텔은 조용히 입에서 입으로 다른 사람들에게 전해진다.

"저곳은 말 그대로 최고입니다!"라고.

방문객에게 감명을 주고, 친구에게 소문이 전해지고, 머무르는 사람의 사회적 지위까지 확고히 해준다. 이것이 호텔에서 체류하는 것이 기다려지고 다시 호텔을 방문하는 이유가 되는 것이다.

당신의 최초의 반응은 멋졌지만, 이들 요소가 여러 가지로 혼합되어 있다는 것에 생각이 미칠 때, 어쩐지 자신에게는 맞지 않는다는 느낌이 든다. 그러나 마케팅 담당자의 목표는 한 번, 두 번, 세 번 호텔에 머무르는 동안, 자신의 집의 세세한 부분과 같이 작은 세부사항의 존재가 무의식적인 것이 되어 고객에게 만족감을 주도록 하는 것이다. 이미지는 서서히 흡수되어 간다.

이미지 파워(Image Power)의 힘의 단계 구조는 당신 자신에게도 적용된다. 만약 당신의 개성과는 상관없는 일을 하고 있거나, 같은 기술을 가진 다른 누군가와 대체 가능한 일을 하고 있다면 당신의 고용 가능성은 가격 경쟁력에 의해서만 결정된다.

당신의 노동력을 경쟁가격에 공급하는 것이 나쁠 것은 없지만 당신 자신을 위해서 마케팅 기법을 전혀 사용하지 않는 것이다. 이런 경우 일단 일자리를 잃으면 지푸라기라도 잡으려는 노동자가 되어, 신문의 구인광고란을 샅샅이 훑어보고, 직업소개소를 백 번 정도 방문하고, 몇 백 번씩 이력서를 보내는 데까지 이르게 된다. 사실 이런 것은 일 찾기에 성공하는 데 가장 효과 없는 단계라 할 수 있다.

만약 자신이 질적인 단계에 있다면 자신의 능력과 트레이드 마크를 붙여 시장에 내놓을 수 있다. 제품과 서비스와 마찬가지로 당신은 노동시장에서 무엇이 가장 중요시되는가를 알아두어야 하고, 이런 기대에 확실히 응하도록 하는 편이 좋다. 추천장과 멋진 실적이 동반된다면, 질적인 이미지는 좋든 싫든 당신의 이력서에 나타나게 된다.

당신이 봉급생활자라면 당신의 이미지는 일하고 있는 기업과 연관되게 된다. 어쨌든 당신의 질적인 이미지는 당신과 더불어 하나의 패키지가 되는 것이다.

이미지 마케팅의 최고수준의 단계는 당신 자신의 손으로 직접 기대수준을 결정하는 것이다. 자신의 평판이나 소문이 자신보다 앞서지 않으면 안 된다. 당신이 어떤 사람인가를 알기 위해, 일부러 만나러 오지 않아도 좋다. 이런 경우는 유명인사에게만 해당하는 것이라고 생각되지만, 실제 모든 종류의 일에 있어 가능한 것이다. 유명해질 필요 없이 자신을 알아야 하는 사람들에게 적절하고 바람직한 이미지를 전달하면 좋은 것이다.

자신만의 강한 이미지를 창조할 가능성은 계속 증대되고 있다. 예를 들면, 전문가 단체, 그룹, 소개 기관 등의 네트워크에 계속적으로 접촉하는 방법이 있다. 웹사이트와 전문지의 출판,

회의를 통해, 가르치는 것이나 강연하는 것 등을 통해 이미지를 투여할 수도 있다. 마케팅 전문가가 분포력 혹은 확산력이라고 부르는 것을 가지기 위해 자신의 광고를 내야 할 필요는 없다는 것이다.

여기서 질문 하나가 나온다. 자신의 개성을 희생하면서 자신의 이미지를 마케팅하는 것은, 만난 적도 없는 사람들의 기대에 부응하기 위해 자신의 개성을 희생하며, 자신의 인격을 적당히 고치는 것이 아닐까?

이 질문의 답은 '예'라고도 '아니오'라고도 할 수 있다. '예'라고 하는 것은 오늘날 노동시장에서 고용의 가능성을 유지하고자 할 때, 자신의 이미지를 전달해야 하는 의무를 가졌다는 것을 말한다. 계속해서 이미지를 만들어 나가고 고쳐 나가는 과정을 거치는 것, 즉 이미지와의 대화를 계속해 나가야 하는 것이다.

'아니오'라고 했을 때는 무리하게 밀어 붙이지 않아도 좋다는 의미이다. 자신의 이미지를 하나의 패키지화해야 한다는 생각은 이미지의 본질을 이해하지 못하는 것이다.

당신은 자신을 위한 이미지를 만들어 주는 이미지 선전 컨설턴트를 필요로 하는 정치가가 아니다(그러나 이러한 것이 여러 번 정치가의 정체성의 붕괴를 초래하지만). 이미지란 자기 자신 그 자체를 무언가 독특하고 차별되는 것으로 생각해야 한다. 세상 사람들이 당신을 잘 파악하지 못한다고 할 때 그것은 누구의 탓이 아니라 자신이 책임을 져야 하는 문제가 되는 것이다.

안타깝게도, 현실에서는 타인이 당신을 보듯 당신이 자기 자신을 보는 것은 어려운 일이다. 하지만 자신의 이미지가 어떤 것인가를 알기 위해서는 피드백(Feedback)의 과정이 필요하다.

많은 회사에서 사용되고 있는 것으로 '360도 평가법'이라는 관리 기술이 있다.

일련의 평가용지가 상사, 동료, 부하 때로는 고객에게 보내진다. 거기서 당신의 장점과 약점, 핸디캡, 성장 가능성, 개인적 자질 등 다양한 분야에 걸쳐져 질문이 이루어진다. 이 질문들의 목적은 어떻게 당신 자신을 개선시킬지에 대한 조언을 구하는 것이다.

이제까지 '360도 평가법'에 의해 놀라지 않는 사람을 본 적이 없다. 이 기술은 또한 직무재교육 전문가에 의해 이용되어지고 있다. 단지 이때는 주변사람들이 그 사람의 고용가능성, 프로로서의 이미지와 미래의 이미지를 구축할 때의 제안사항 등에 관해 어떻게 생각하느냐에 초점이 맞추어져 있다는 것이 다를 뿐이다. 독립해서 활동하는 사람의 경우에는 별도의 문제가 있다.

일이 없다고 불평하는 컨설턴트 중에는 다른 사람들의 반응에 신경쓰지 않는 사람들이 많다. 몇 번인가 부탁하지도 않았는데 친절한 마음으로 피드백을 해주면 "이제 와서 어떻게 바꾸라는 것이야? 쓸데없는 이야기야"라는 듯한 얼굴을 한다.

그러나 성공하는 프리랜서는 내가 어떻게 생각하는지를 물어온다. 나라면 조언을 얻기 위해 끈기 있게 질문하고 새로운 사업의 가능성에 대해 확인하려고 할 것이다. 내가 사정을 잘 모른다면 이 사람들은 자신감이 부족한 사람들이 아닐까 하는 의심이 들 정도이다.

마케팅은 위치 매기기

인생을 잘 살기 위한 일들 가운데 하나가
바로 시장에서의 자신의 위치 매김이라 할 수 있다.
자신의 정체성을 확실히 확립한 후 이미지를 부여하고
시장에서의 위치 매김을 했다면, 당신은 기초를 확고히 한 것이 된다.
그리고 나서 당신의 기업을 발전시키는 데 힘을 기울이면 된다.

위치 매기기와 이미지는 동전의 양면과 같은 것이다. 이미지가 시장의 기대를 충족시키는 질에 관한 것인 데 반해, 위치 매기기는 제품과 서비스의 위치를 어떻게 정할까 하는 것이다. 자기 기업화라는 관점에서 볼 때, 위치 매기기는 시장에서의 당신의 적합한 장소를 찾는 것이다.

80년대 중반, 장 루이 가세(Jean-Louis Gassée)는 프랑스에서 가장 성공한 마케팅 전문가 중의 한 사람이었다. 그는 애플 컴퓨터의 프랑스 자회사 사업을 시작하였고, 프랑스의 회사를 전세계 애플 컴퓨터 중 최대 규모로, 동시에 가장 많은 이윤을 내는 자회사로 성장시켰다.

1985년 그는 회사 약진의 돌파구가 된 제품인 매킨토시의 후속 제품을 개발하기 위해 쿠페르티노 본사에 초대되었다. 프랑스를 출발하기 전에 가세는 나에게 이제까지 들은 것 중에 '위치 매기기'에 관해 가장 알기 쉬운 정의를 주었다.

"만일 당신이 스스로의 비전을 보았을 때, 내가 무엇을 해야 할 것인가를 알게 된다. 한번 자신의 마음에서 정체성의 문제를 해결했다면 다음은 자신의 머리에 맡기면 된다."

어떻게 가세(Gassée)가 '위치 매기기'를 이해하게 되었는가는 하나의 흥미 있는 관찰 대상이라고 할 수 있다. 그는 어떤 관리자 세미나 회의에서 중대한 통찰을 얻을 수 있었던 것이다.

세미나의 리더인 컨설턴트는, 밤 8시 이전에 집에 돌아가지 않는 사람들이 자신을 영웅이라고 생각한다면, 그것은 자신을 기만하는 것이라고 하여 참석자들을 자극했다. 이 발언에 가세는 가슴의 심한 통증을 느꼈다.

이 컨설턴트는 또한 그런 사람들의 본래 이유가 부인의 고민을 들어주거나 아이들을 기르는 가정 생활보다 오히려 직장에서의 생활을 좋아하기 때문이라고 지적하였는데, 이 말이 또 그의 가슴을 찔렀다.

게다가 이 컨설턴트는 자신의 인생을 엉망으로 하며, 가족과 시간을 보낼 수 없는 진짜 이유를 알고 싶다고 생각하지 않으면 아무것도 바꿀 수 없다고 경고했다. 컨설턴트가 원하는 것은, 참가자 자신이 가족들에게 큰 부담을 주고 있다는 것을 알아주었으면 하는 것이었다. 바로 그 후 장 루이 가세는 처음 부인과 이혼을 했다.

몇 년 후 브리지드와 재혼을 하면서 정말 가족 같은 생활을 하기 시작했다. 그는 첫아이가 태어났을 때, 통찰력이 빛나는 것을 느꼈다고 했다. 또한 자신은 지금 행복감에 빠져 있으며, 이런 일을 거치면서 어떻게 살아가야 하는가에 대한 이해를 하게 되었다고 했다. 장 루이 가세는 그때 정신과 인생을 이해하는 것이 얼마나 중요한 것인가를 알았다고 한다.

장 루이가 얻은 통찰력이 어떻게 해서 하나의 마케팅 개념이 되었는가는 지금부터 이야기할 특별한 이야기다. 그 당시의 애플사의 마케팅 담당자는 실리콘 벨리의 컨설턴트였던 레지스 매케나(Regis Mckenna)였다. 애플사에 온 이후 가세는 애플사의 유럽지역 경영자를 위한 레지스 매케나의 세미나에 초대되었던 것이다.

　　애플사의 프랑스 자회사를 설립하기 전부터 죽 마케팅에 종사해 왔지만 마케팅 개념에 익숙하지 않았다. 그 방식이 너무 추론적이고 분석적이어서 아무래도 잘되지 않았다. 애플사에 들어간 이후 모나코에서 열린 레지스 매케나의 세미나에 참가했다. 실제 그 세미나에 출석하지도 않았다. 그래서 매케나가 무엇을 말했는지를 다른 사람에게 물었다. 내가 들은 것은 마케팅은 '위치 매기기'라는 것이었다. 나중에 매케나는 그런 것은 말하지 않았다는 것을 알았다. 그러나 그것은 나에게 모든 것을 하나로 모아 주었다. 원래의 메시지를 잘못 해석하고 있는 지도 모르지만, 마케팅은 이런 것이었다. 위치 매기기는 자신과 의뢰인의 욕구가 교차로에서 합치하는 점이었던 것이다.

　　이미 작고했지만 의사이자 작가였던 로날도 레잉(Ronald Laing)의 이야기는 위치 매기기의 중요성을 있는 그대로 설명해준다.

　　어느 날 오후 진료를 위해 한 젊은 여성이 진료실에 찾아 왔다. 그녀는 '소리없는 절망'이라 할 수 있는 상태에 있었다. 매일의 생활에서 어떤 순간 자신의 움직임이 멈춰버리는 것이었다. 여러 시간 동안 하나의 동작으로 얼어버린 채, 움직이는 것도 말하는 것도 불가능했지만, 자신의 주변에 무엇이 일어나고 있는가는 완전히 알고 있는 것으로 침묵의 공포로도 불릴 수 있는 상태였다.

어느 날 그녀는 차를 끓인 후, 앉아서 컵을 입에 대려는 순간 정지해 버리고 말았다. 그 날 아침, 홍차를 입에 대보지도 못하고 컵은 입과 테이블 공간 사이에 멈춘 채 있었던 것이다.

레잉은 그녀에게 보통의 정신과 치료를 받게 하면 어떻게 될지를 알 수 있었다. 긴장병이라 진단되어 입원해야 할 것이다. 정신과 의사의 지도로 약물 치료를 받고 의사는 할 수 있는 데까지 모든 것을 다할 것이다. 필요하다면 전기 쇼크 등의 처치도 할 것이다. 또한 그녀의 상태는 정신분열이라 불릴 수도 있을 것이다.

그녀는 이런 치료를 받고 싶지 않았을 뿐만 아니라, 병원이 아닌 장소에서 치료받는 것도 거부했다. 레잉은 긴장에 의해 괴로운 사람들을 돕기 위해 필라델피아 협회가 운영하고 있는 시설에 들어갈 것을 제안했지만, 그녀는 레잉의 제안도 거부했다. 그 날 진료를 보는 동안 조용히 앉아 있었고 다른 방법에 대해 곰곰이 생각했지만 결론은 나지 않았다.

다음 진료 예정일에 그녀는 오지 않았다. 몇 개월 후 그녀에게서 편지가 왔다. 진료소를 나설 때 하나의 생각이 떠올랐다는 것이다. 그녀는 레잉의 말에 힌트를 얻어 예술가의 모델이 되기로 결심했다고 했다. 그것으로 그녀는 큰 성공을 거두게 되었다. 왜냐하면 하루종일 움직이지 않을 수 있는 희귀한 모델이었기 때문이다. 이 새로운 일이 너무 마음에 들어 자신에게 있어 큰 도움을 준 레잉에게 감사의 마음을 전달해 온 것이다. 그 후 그녀는 뜻하지 않은 긴장병은 사라지고 대학으로 다시 돌아가 공부할 수 있게 되었다.

이 젊은 여성은 정체성의 문제를 가지고 있던 것은 아니었다. 그 대신 두 개의 심각한 큰 문제를 가지고 있었다. 그 하나는 보통 생활을 영위하기 위해 마비된 순간을 몇 번이나 참아야 한다는 것이었으며, 두 번째는 다른 방법으로 해결의 실마리를 찾지 않으면 정신병원에 들어가야만 한다는 사실이었다.

모델이 된 것은 인간이 얼마나 창조적 재능을 가지고 있는가를 보여 주는 좋은 예이다. 그녀는 그 증상을 오히려 하나의 재능으로 정의해 적극적인 위치 매기기로 사용했다. 이 이야기는 자기 자신을 마케팅하는 것에 대해 다음과 같은 몇 가지 사실을 알려 준다.

첫째, 당신의 특성 중 장점만이 시장에서 가장 잘 팔릴 것이라고 생각할 수는 없다는 것이다. 시장이 어떤 질과 특성을 필요로 하는가를 물어 그런 자질을 부각시킬 준비를 갖추어야 한다.

둘째, 위치 매기기에 관해 그것이 즉흥적인 것이라도 좋다는 것이다. 위치 정하기는 자신이 보내고 싶은 인생과 가능한 한 일치시키는 것이 가장 바람직하겠지만, 그것이 항상 가능한 것은 아니다. 앞서 젊은 여성이 모델로서의 위치 매기기는 '좋은 삶'으로서의 목적에 맞지 않았을지도 모른다. 그러나 확실히 인생의 고통스러울 때를 훌륭히 통과할 수 있었던 것이다.

셋째, 당신이 당신 자신을 통제할 수 있어야 한다. 젊은 여성을 예술가의 모델이 되도록 한 것은 의사가 아니라 그녀 자신인 것이다. 만약 그녀 자신이 문제를 해결하지 않고 다른 사람이 해결해 줄 것을 기다리고 있었다면 그녀는 결국 정신병동에 수용되고 말았을 것이다.

인생을 잘 살기 위한 일들 가운데 하나가 바로 시장에서의 자신의 위치 매김이라 할 수 있겠다. 자신의 정체성을 확실히 확립한 후 이미지를 부여하고 시장에서의 위치 매김을 했다면, 당신은 기초를 확고히 한 것이 된다. 그리고 나서 당신의 기업을 발전시키는 데 힘을 기울이면 된다.

Step 4 : 인적 자본을

더 풍부히

당신이라는 인적 자본

내일 회사를 그만두게 된다고 생각해 보세요. 무엇을 하고 싶습니까?
어떻게 하면 당신이라는 인적 자본으로 기업을 설립할 수 있을까요?

일전에, 어떤 대형 컴퓨터 회사의 상급 경영자 프로그램의 일환으로서 세미나를 운영하는 것을 부탁받은 적이 있다. 그 목표는 경영자들이 변화에 대해 창조적 사고를 하는 것을 돕는 것이었다. 나는 다음과 같은 말로 세미나를 시작했다.

내일 회사를 그만두게 된다고 생각해 보세요. 무엇을 하고 싶습니까? 어떻게 하면 당신이라는 인적 자본으로 기업을 설립할 수 있을까요? 지금 당장 이 방을 나가서 여기에 관해 생각하시고 한 시간 후에 돌아와 주세요. 하고 싶은 비즈니스의 내용을 잘 구상해 얼마의 연수입을 얻고 그 새로운 인생의 장점과 단점은 무엇인지 평가해 주세요. 단 하나의 규칙이 있습니다. 다른 회사의 급료를 받는 일을 찾는 것은 금해 주세요. 그것은 새로운 기업 만들기가 되지 않으니까요.

이것은 급변하는 컴퓨터 회사에 근무하는 마흔 살의 경영자들에게 시행된 단순한 연습 같지만, 뚜껑을 열어보면 많은 사람에게 커다란 상상력을 요구하는 일이다. 참가자들은 이상하게도, 또 다른 회사의 급여를 받아서는 안 된다고 하는 유일한 규칙을 잘 이해하지 못했다. 그래서 나는 같은 이야기를 되풀이하지 않을 수 없었다. 참가자는 인적 자본의 개념에 당황해 하였다.

인적 자본이란?

가족과 정책입안자는 회사마다 다른 목표가 있다는 것에 동의한다. 부는 지금을 위한 것만이 아니라 다음 세대가 더 나은 생활을 하도록 한다는 의미도 있다.

인적 자본이라는 개념에는 역사가 있다. 원래 칼 마르크스가 「자본론」에서 다음과 같이 정의한 것을 그 시초로 한다. 그것은 하루 일의 피로와 다음 날 다시 일을 하기 위해 필요한 에너지를 되찾는 시간을 뺀 후 노동자에게 남은 에너지 총량을 의미하는 것이다.

자본가는 노동자에게서 인적 자본을 훔치고 있다고 생각했다. 하지만 이러한 마르크스적 접근은 중노동에만 해당할 뿐, 경제 개념으로는 이미 쓸모없는 것이 되어 버렸다.

이것은 마르크스가 아이디어, 정보, 커뮤니케이션이라는 눈에 보이지 않는 것의 가치를 잘못 이해하고 있었다는 것을 보여준다. 오늘날 우리는 모두 인적 자본가이다. 그러나 만약 베를린의 장벽이 붕괴하기 전에 동편에 살고 있었다면 서편에 살고 있는 사람의 인적 자본이 어떻게 기능하고 있는지 이해할 수 없었을 것이다.

베를린 장벽이 붕괴했을 때 한스 요르그 프로브스트(Hans-

Jorg Probst)는 중국주재 동독 대사관의 보도관으로 일했지만 홀로 남겨지게 되었다. 그는 중국어를 유창히 구사하였고, 경제학의 학위도 갖고 있었다.

대사관은 폐쇄되어 프로브스트도 고국으로 송환되었고, 일자리를 잃자 재교육 계획에 참여하게 되었다. 당시는 동독 국민 중 두 명에 한 명은 일자리를 찾아 헤매는 상황이었다.

그러나 프로브스트는 인적 자본을 가지고 있었다. 유창한 중국어와 정부 관계의 연줄을 이용해 북경의 중심부에 루프트한자센터(Lufthansa Center)를 만든다는 대규모 프로젝트를 구축하여 중·독 합작사업에 일자리를 얻었다. 곧 프로브스트는 루프트한자센터의 '왕관의 보석'에 해당하는 켐핀스키(Kempinski)라는 호텔에서 일하게 되었다.

3년 후 프로브스트는 켐핀스키 본사 사무담당자로서 독일에 돌아왔다. 그는 아직 평등이라는 사회주의적인 개념을 믿었기에, 자신의 행운을 생각하면 양심의 가책을 느꼈다. 그러나 솔직히 말해 행운이 어디서 굴러 들어왔는지 알 수 없었다. 내가 그에게 인적 자본이 새로운 경제력 형성의 기반이 되지 않느냐고 물었을 때, 순간 그는 깊이 생각하는 것 같더니, 크게 웃음을 터트리며 "그거 참 멋진 생각이네요"라고 동조했다.

경제학자가 인적 자본을 중요한 개념으로 파악하기 시작한 때는 50년대에서 60년대에 걸친 기간이었다. 이 접근법의 돌파구를 연 것은 1992년에 노벨 경제학상을 받은 게리 베커(Gary Becker)이다.

베커와 그 동료들은 어떻게 개인과 가족이 시장에서 그 가치를 극대화시키는가를 보여 주는 계산 방법을 제시하였다. 가족은 일을 분담하고, 아이를 기르고, 앞으로 나아가기 위한 전략을 끊임없이 개발해 간다.

　부자인 가정은 많은 인적 자본을 가지고 있어서 가난한 가정에 비해 적지 않은 우위를 가진다. 가난한 가정은 성공하기 위한 최고의 전략을 형성하고, 그것을 수행하기 위한 수단을 선택하는 데 많은 문제점을 갖고 있다.

　그러나 사회의 모든 레벨에서 작동할 수 있는 전략이 존재하고 있기 때문에, 전통적인 경제학자들이 가지고 있었던 생각, 즉 가족과 개인이 자신들의 이익을 높이기 위해 끊임없이 행동하지는 않는다는 기존 발상은 틀렸다는 것을 보여 준다.

　자본은 축적되는 것만이 아니라 타자에게 양도되기도 한다. 이것이 가족과 사회의 가장 큰 차이점이다. 가족은 아이들을 위해 돈을 저축하지만 회사는 주주에게 배당금을 지급한다. 그래서 기업의 근본적인 단위는 개인이 아니라 세대, 즉 가정인 것이다.

　이런 의미에서 가족과 정책입안자는 회사마다 다른 목표가 있다는 것에 동의한다. 또한 부는 지금을 위한 것만이 아니라 다음 세대가 더 나은 생활을 하도록 한다는 의미도 있다. 베커는 하버드대 출판부에서 1981년 발간한 그의 명저 「가족론」에서 현대의 가정은 자본을 형성시키는 것에 효과적일 뿐만 아니라 경제체제 속에서 자본을 흡수하는 데 있어서도 효과적이라고 결론짓고 있다.

　　많은 사람들은 개인주의를 한탄하고 있고, 전통적인 가정의 감소를 슬퍼하고 있지만 그러나 나의 분석으로는, 전통적인 사회에서는 가정의 기능 중 많은 부분이 시장과 다른 사회조직에 의해 더 효과적으로 수행되기 때문에 개인주의가 가족주의를 대신했다고 할 수 있는 것이다. 예를 들면 가족의 보호기능이나 가족의 대비책, 가족원의 훈련이나 그 증명은, 현대사회의 다이나믹한 환경에서 시장의 보험과 시장이 제공하는 훈련에 비해 효율성이 떨어진다.

전통적인 가족에서 제공하는 친밀감에의 향수는 그것이 프라이버시와 자유 선택을 제한하는 요인이고, 재해에 대해서도 불완전한 보호만을 해줄 뿐 아니라 가족적 배경을 초월하는 기회를 제한한다는 점 등을 간과하고 있다.

이와 같이 인적 자본이란 개념은 강력한 것임에도 불구하고 충분히 이해되어 있지 않다.

1970년대에 있어 신세대의 경제학자들은 고도의 교육과 일에서의 고임금의 관계, 또 직업훈련과 더 높은 생산성과의 관계에는 직접적인 함수관계가 존재한다고 생각했던 선구자의 경제 모델에 이의를 제기했다.

이와 같은 동태이론은 그렇게 간단한 것이 아니라고 신 경제학자들은 주장했다. 그러나 인적 자본이라는 개념 그 자체가 방기되지는 않았다. 바야흐로 인적 자본 이론은 현재 새로운 국면을 맞고 있다.

인적 자본은 극히 단순화된 방법만으로 측정할 수 있는 것이 아니지만, 현재의 경제상황에서 벗어나 있는 옛 산업경제의 기준에 따라 서툴게 설명하는 것보다는 어떻게 해서라도 현재 상황에 맞는 인적 자본의 개념을 정립하는 일이 필요했다.

그래서 OECD는 1996년 「지식의 측정」이라는 제목의 소책자에서 인적 자본을 다음과 같이 정의할 것을 제안했다.

"인적 자본이란 개인이 살아가는 동안 몸에 익혀 시장이나, 혹은 시장이 아닌 환경에서 상품과 서비스, 아이디어를 낳기 위해 사용하는 지식이다"

그러나 이 개념은 인간자본의 원천(가족, 교육, 직업)을 무시하고 어떤 종류의 지식과 노하우가 측정되어야 하는지에 대한 의문을 해결하지 못하였으며, 시험에 의해 인적 자본을 평가하는 방법을 모색하는 등 도저히 불가능한 딜레마를 갖고 통용되고 있다.

자신의 가격을 정한다

> 인적 자본이라는 개념은 아주 중요한 것이기 때문에
> 우리들 모두는 그것을 충분히 이해해야만 하는 것이다.

 인적 자본의 경제학은 몇 개의 골자로 요약할 수 있을 것이다. 인적 자본의 계량화는 마치 예술의 경제이론을 창조해 내는 것과 같다. 자신의 가격을 결정했을 때의 모습은 완전히 달라져 보이게 된다. 인적 자본이라는 개념은 아주 중요한 것이기 때문에 우리들 모두는 그것을 충분히 이해해야만 하는 것이다.
 여기서 다른 접근방식을 시도해 보자. 계량화하려 하지 말고 상식의 범위 내에서 인적 자본을 분석해 보자. 그것은 자신을 찍은 스냅 사진과 같은 것으로 볼 수 있을 것이다.
 인적 자본 형성의 열쇠가 되는 기본개념은 시간이다. 시간은 일생을 통해 쌓아가야 할 기술과 지식을 위해 없어서는 안 될 중요한 개념이다. 실천적인 면에서 보면, 일생을 통해 지식, 기술, 경험을 쌓아가는 방법을 알아야 한다는 것이다.

 ① **교육과 훈련과 문화**　이것은 인간이 축적한, 말하자면 '문화적 자본'이다.

도표 4

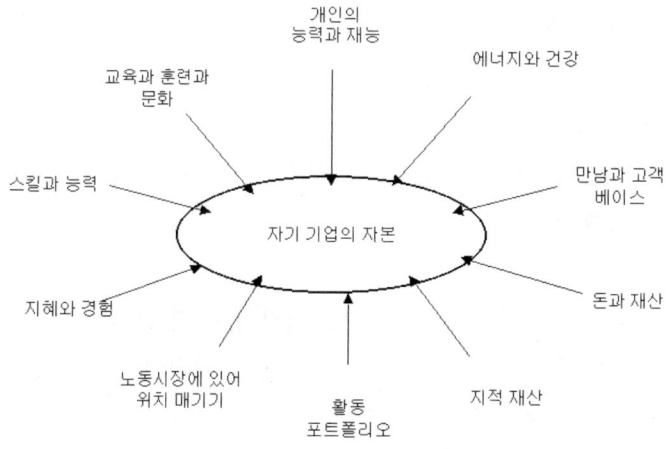

② **스킬과 능력** 이것은 직무상 실천과 학습에서 얻을 수 있는 '노동자본'이라 부를 수 있다.

③ **지혜와 경험** 이것은 활동, 여행, 인간관계 등에서 얻어지는 개인적 자본의 한 형태로, 또한 경험에서 얻어질 수 있는 결론과 반성, 일반화들이 포함되어 있다.

④ **노동시장에 있어 위치 매기기** 이 형태의 자본은 직장의 네트워크 중에서 얻을 수 있는 명성이나 평판이다.

⑤ **활동 포트폴리오** 이 형태의 자본은 일이나 훈련, 레저 등 다른 활동에 어떻게 시간을 투자할지를 나타낸 것이다.

⑥ **지적 재산** 이것은 특허나 저작권 등과 같은 지적 자본이다.

⑦ **돈과 재산** 이것은 계량화한 경제자본이다. 순가치란, 자본의 현재가치에서 부채를 뺀 가치로 정의할 수 있다. 자신의 소득과 같은 의미는 아니다.

⑧ **만남과 고객 베이스** 이것은 거래처와 일에서 만나는 고객과의 네트워크를 나타낸다.
⑨ **에너지와 건강** 이것은 건강이라는 부분적으로는 유전적인 자본이지만, 또 건강하고 활기차게 살기 위한 자본이라는 의미도 있다.
⑩ **개인의 능력과 재능** 이것은 사람들이 개인과 개인능력에 대해 평가했던 것을 나타내는 자본을 말한다.

<도표 4>는 단순한 것이지만 이것이냐 저것이냐 하는 양자택일적인 길을 선택하여야 할 경우에 효과적인 계획을 세우기 위한 도구로 사용하는 것이 가능하다. 나는 직업을 선택하는 것을 도와 달라고 부탁해 온 고객과 친구에게 이것을 몇 번인가 사용한 적이 있다.

먼저 <도표 4>의 10개의 각각의 인적 자본 위에 <도표 5>의 그림과 같이 수직선을 긋는다. 이 선은 지금 있는 곳을 나타낸다. 그 선에서 좌측에 과거의 자본을 나타내는 화살표를 그리는데 만일 자본축적이 늘었다면 화살표를 위쪽으로 그리고, 현상유지라면 옆으로 그린다. 만일 자본이 감소했다면 화살표를 아래로 그린다. 수직선의 오른쪽에는 미래를 나타낸다. 다시 한 번 화살표를 위로나 아래로 아니면 옆으로 그린다.

특정한 길을 선택하는 것이 어떤 이익을 주는가를 평가할 때는 단순히 각각의 선택지에서 위로 향하는 화살표를 세어 보는 것만으로도 충분하다. 이 연습은 단시간 내 할 수 있지만, 대부분의 경우 확실한 결과를 제공해 준다. 그러나 의사결정을 할 때에는 가정의 다른 구성원도 고려해야 하므로, 자기 자신의 인적 자본을 평가하는 것만으로는 부족하다.

도표 5

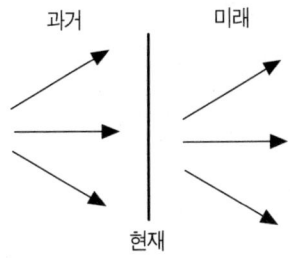

여기까지 오면 문제가 아주 복잡해진다. 한 가지 길을 선택해 보면 자신의 화살표는 위를 향해도 가족의 화살표가 아래로 되거나, 그 반대가 되는 경우가 있다. 그럴 때 두 가지 직업의 기회 중 어느 것을 선택해야 하는가 하는 딜레마에 직면하게 된다. 이것은 누구의 의견을 우선순위로 할 것인가를 결정한 뒤에야 해결될 수 있는 문제이다.

인적 자본 형성의 열쇠가 되는 기본개념은 시간이다. 시간은 일생을 통해 쌓아가야 할 기술과 지식을 위해 없어서는 안 될 중요한 개념이다. 실천적인 면에서 보면, 일생을 통해 지식과 기술, 경험을 쌓아가는 방법을 알아야 한다는 것이다.

또한 능력과 이전 가능한 기술(여러 가지 직무에서 돌려가며 사용할 수 있는 기술)을 평가하는 수단을 가져야 한다. 자기평가는 이미 직장과 고용 프로그램, 전문기술학교, 소프트웨어의 팩키지 등을 이용함으로써 가능하게 되었다.

모든 이의 능력은 인적 자본을 개발시키기 위한 전략의 기초가 된다. 또한 위치 매기기가 이루어져 있고, 이미지를 알고 있을 때 그 의미가 발현될 수 있다. 아마 우리는 무의식중에 그런 전략을 세워가고 있는지도 모른다.
 능력의 개발은 자신의 직업이나 가족의 계획에 대해 생각할 때 자동적으로 이루어지기 때문이다.

Step 5 : 자신의 활동을 관리한다

활동의 포트폴리오

두 가지 일을 하는 사람은 사실상 세 개의 달력을 가지고 있다고 한다. 이렇게 되면 정말 복잡해진다. 그리고 4개의 서랍 중 하나의 서랍은 사무용, 하나는 스포츠용, 또 하나는 평상복, 그리고 다른 하나는 예복으로 장소를 구별하여 옷을 보관하는 사람이 있다.

오늘날 일을 한다, 공부한다, 인간관계를 형성한다, 결혼을 성공적으로 영위한다, 가족을 부양한다, 지역 활동에 참가한다, 건강히 지낸다 라는 활동들은 모두 자기 기업화의 한 부분이라고 할 수 있다.

어려운 것은 이 여러 가지 활동에 얼마만큼 투자하고, 각각에 드는 시간과 노력의 균형을 맞출 수 있는가 하는 것이다.

금세기 이후 선진국은, 일에 소비하는 시간을 40% 정도 감소해 왔기 때문에 일 이외의 다른 활동에 보다 많은 시간을 소비할 수 있게 되었다. 1년이 8,760시간이지만, 그 중 정규사원으로 일하고 있는 평균적인 미국인의 노동시간은 1,949시간뿐이다.

인생을 구성하는 제반 활동을 관리한다고 하는 것은 단순히 충분한 시간이 있어서가 아니다. 1995년 세계은행에서 발간한 "개발 보고서"에 인용된 다음의 사례를 살펴보자.

뒤옹(Duong)은 베트남의 빈농으로 가족을 먹여 살리는 데 필사적이다. 논에서 주 38시간 노동함으로써 주 10달러 정도를 벌

고 있다. 풀타임으로 일하는 것은 6개월뿐이고 나머지 농한기에는 아주 조금밖에 돈을 벌지 못한다. 아내와 4명의 아이도 함께 밭농사를 하고 있지만 가족 중 밑에 2명의 아이만 학교에 보낼 수 있는 형편이다. 그의 11살 되는 딸은 가사를 돕고, 13살 되는 아들은 길에서 물건을 팔고 있다.

베트남 국민인 그는 기업가와 상인 문화에 젖어 있지만, 공산주의 국가인 베트남에서 그는 빈농으로 살고 있다. 그에게 있어 자유시간을 제2기업의 창조에 쓴다는 것은 거의 불가능하다.

그가 새로운 벤처 사업을 시작하여 성공시키기 위해선 베트남의 경제 성장(2000년에 들어서 둔화되는 추세이지만), 교육과 노하우(그에겐 없다), 아이들을 위해 더 나은 생활을 하려는 동기(이것은 국가에서 얻는 것이 아니다) 등이 필요하다. 뒤옹의 이야기는 세계 노동 인구의 최대부분인 약 40%를 차지하는 계층의 전형적인 사례이다.

여기서 중요한 점은 다음과 같다. 우리는 모두 활동 선택 가능한 활동 반경을 가지고 있고, 그것은 뒤옹과 같이 가난한 사람에게도 마찬가지라는 점이다. 그러나 우리는 과연 자신의 활동을 얼마만큼 잘 관리하고 있는가?

그의 일상생활은 아이들의 인적 자본을 잠식하고 있다고 할 수 있다. 하지만 대조적으로, 개발도상국에 거주하는 많은 사람들 중 시간을 다양하게 이용하여 성공하고 있는 사례들은 적지 않다.

공업 노동의 출현으로 이제까지 농가의 계절에 따른 활동은 집과 일의 이분법적 인생으로 전환되었다. 공업사회에서는 일과 가정생활 이외의 활동 영역은 존재하지 않았다. 이런 상황은 지금도 많은 미국인들의 노동 문화 속에 배어 있다.

시카고 대학의 사회학자인 크리스티나 니파텐(Christina Nippert-Eng)은 1996년 시카고 대학 출판부에서 간행한 「가정과 일」이라는 책에서 자신의 인생을 다양한 상자 속에 어떻게 담을 것인가를 연구한 사람이었다. 그는 여기서 생활의 세세한 부분의 분리는 어떻게 이루어질 수 있는지를 제시하고 있다.

가정에서는 결코 일에 대해 이야기하지 않고, 직장의 동료들과 가족들을 서로 만나지 않게 하려는 사람도 있다. 또한 두 개의 다른 열쇠 고리를 가지고 하나는 직장용 하나는 가정용이라고 나눠 쓰는 사람도 있다. 이런 사람들은 집에 돌아가 일을 하는 것을 꿈에도 생각지 않고 가족의 고민을 직장동료에겐 절대로 말하지 않는다.

두 개의 다른 달력을 가지고 하나는 일을 위해서, 다른 하나는 생일이나 휴일 나들이, 스포츠 경기를 적거나 가족의 이벤트를 위해서 사용하는 사람도 있다.

두 가지의 일을 하는 사람은 사실상 세 개의 달력을 가지고 있다고 한다. 이렇게 되면 정말 복잡해진다. 그리고 4개의 서랍 중 하나의 서랍은 사무용, 하나는 스포츠용, 또 하나는 평상복, 그리고 다른 하나는 예복으로 장소를 구별하여 옷을 보관하기도 한다.

인생을 각각 다른 활동 영역으로 분할하는 것은 결코 나쁜 것이 아니다. 정리정돈과 질서감각을 길러주기 때문이다. 니파텐의 가족과 일의 경계선에 대한 연구는 이런 분할이 개성을 크게 반영하는 것으로, 같은 가족의 구성원 사이에서도 서로 다르게 나타남을 보여 주고 있다.

다섯 종류의 일

활동 포트폴리오라는 개념은 영국의 경영 평론가
찰스 핸디에 의해 대중화된 것인데,
이것은 공업화시대에 한쪽은 일, 다른 한쪽은 개인생활로 인생을
분류했던 것을 대신하여 자기 기업화를 관리하기 위한
하나의 기반으로 여겨지고 있다.

 이제 시간을 관리하는 단계에 이르면 많은 사람들에게 가장 중요한 활동은 '일'이다. 활동 포트폴리오라는 개념은 영국의 경영 평론가 찰스 핸디(Charles Handy)에 의해 대중화된 것인데, 이것은 공업화시대에 한쪽은 일, 다른 한쪽은 개인생활로 인생을 분류했던 것을 대신하여 자기 기업화를 관리하기 위한 하나의 기반으로 여겨지고 있다.
 1989년 찰스 핸디는 「비이성의 시대」를 영국에서 간행하였고, 1990년 미국 하버드대 출판부에서 발간함으로써 유명 인사가 되었는데, 그는 이 책 속에서 포트폴리오의 개념을 도입하였다.
 핸디는 변화가 심한 오늘날의 세계에서 나름의 삶을 관리하며 살아가고 있는 사람들을 돕기 위해 이 책을 썼다고 한다. "진보는 합리적인 사람에 의해서가 아니라 비합리적인 사람에 의해 이루어진다"라는 조지 버나드 쇼의 말을 인용한 후, 그는 우리 시대가 전통적인 관점에서 보았을 때 이치에 맞지 않는

행동을 요구하는 '불합리한 조건'을 만들어냈다고 설명했다.

핸디에 의하면 특히 일에 있어서의 변화는 사람들의 생활에 가장 큰 변화를 가져오는 것이다. 일에 있어서 가장 중요한 변화를 초래하고자 한다면, 다른 사람과 다른 생각을 할 필요가 있다.

일의 개념을 사람의 인생에서 개별적으로 독립된 어떤 것으로 생각하는 것을 그만두어야 한다. 그 대신 사람의 생활방식에 따라 수행하는 여러 가지 활동 중의 일부분으로 생각하여야 하는 것이다.

"당신은 생활을 위해 무엇을 하고 있는가?"라고 누군가 물었을 때 "어떤 회사에서 X를 하고 있다"는 식의 대답은 하지 않는 게 좋다. 그 대신 인생의 다양한 활동에 대해 말해야 하고 그 중에 어떤 것은 돈을 위한 것이기도 하고 어떤 것은 아니기도 하고, 이런 활동들이 결국 하나로 통합되어 조화로운 인생을 구성한다는 사실을 말해야 할 것이다.

이를 더 엄밀히 말하자면 핸디는 전통적인 일이라는 개념을 적어도 다음의 다섯 가지 카테고리의 '활동 포트폴리오'라는 개념으로 대체할 것을 주장한다.

- 임금노동 : 시간을 제공하는 만큼 급여를 받는다.
- 사례노동 : 결과를 내는 것에 의해 급여를 받는다.
- 가사노동 : 가정을 관리·유지하기 위한 업무
- 기부노동 : 자선이나 지역사회, 친구, 가족이나 이웃 사람들을 위한 노동
- 연구노동 : 학습, 훈련, 독서, 문화 흡수 등

핸디는 자신의 포트폴리오의 예를 들고 있다. 그는 어느 해

에 사례노동에 150일간, 기부노동에 50일간, 연구노동에 75일간, 가사노동과 레저에(이 둘을 구분하는 것은 어려움) 90일간을 썼다.

52번의 주말과 5주간의 휴가, 8일간의 공휴일을 가진 전형적인 영국인 샐러리맨과 비교해서, 그의 포트폴리오는 60세를 넘은 연령의 남성이라는 사실을 감안하더라도 정말 활동적인 것이라 할 수 있다.

샐러리맨의 '137일간의 휴일'의 생활 방식보다도 훨씬 더 많은 일을 했으며, 기부노동과 연구노동에 125일을 할애함으로써 자신과 남을 위해서 많은 투자를 한 것이다.

포트폴리오 속의 활동을 정리하자

집에서 편히 쉬는 것과, TV를 본다는 것은
휴식과 기분전환을 의미하므로 레저 활동에 넣지 않고,
고전문학 작품의 독서는 문화적 자본을 쌓는 활동으로 치고,
본서와 같은 경영서 등을 읽는 것은
전문 기술 발전을 위한 의미로 간주하여, 노동으로 셈하기로 한다.
활동을 구분하는 것은 겉으로는 비슷하게 보일지 모르는 활동이
가지고 있는 서로 다른 가치를 인정하는 것이다

포트폴리오 개념을 다양한 집단의 사람들과 일을 하면서 사용한 적이 있지만, 사람들은 포트폴리오에 포함되는 활동의 모든 부분을 알고 싶어한다는 사실을 알았다.

그래서 다섯 가지 카테고리에 두 개의 카테고리를 더했다. 레저(어떻게 정의하는 가는 자신의 자유)와 건강(연간 병에 걸린 날과 헬스, 스포츠와 같은 영역에 투자한 시간들)이다. 그러면 모두 7개의 카테고리가 된다.

이런 각도에서 친구와 식사를 하러 나가는 것은 레저 활동에 들어가지만 집에서의 식사는 레저 활동에 포함하지 않고, 가족을 위해 집에서 저녁 식사를 요리하는 것은 가사노동으로 셈하기로 한다.

집에서 편히 쉬는 것과 TV를 본다는 것은 휴식과 기분전환을 의미하므로 레저 활동에 넣지 않고, 고전문학 작품의 독서는 문화적 자본을 쌓는 활동으로 치고, 본서와 같은 경영서 등을 읽는 것은 전문 기술 발전을 위한 의미로 간주하여, 노동으

로서 셈하기로 한다.

활동을 구분하는 것은 겉으로는 비슷하게 보일지 모르는 활동이 가지고 있는 서로 다른 가치를 인정하는 것이다.

<도표 6>의 원그래프는 풀타임으로 근무하는 미국인 주부(여성 국민 평균노동시간은 1711시간)의 포트폴리오가 어떤가를 나타내주고 있다.

이 그림에서는 헬스에 가기 위해 외출하고 인터넷 서비스 공급자로부터 원격학습으로 컴퓨터를 배우고, 아이들의 스포츠클럽을 위한 봉사활동을 위해 주말의 시간을 할애하는 등의 활동을 떠올릴 수 있다.

핸디의 정의에 의하면 이 모든 것은 일의 포트폴리오로서 간주된다. 나는 8시간을 수면에, 2시간을 휴식에 쓰고 있는 것으로 계산하였다. 이 그림을 보면 아직 많은 레저 시간이 남아있다는 것을 확인할 수 있다.

도표 6

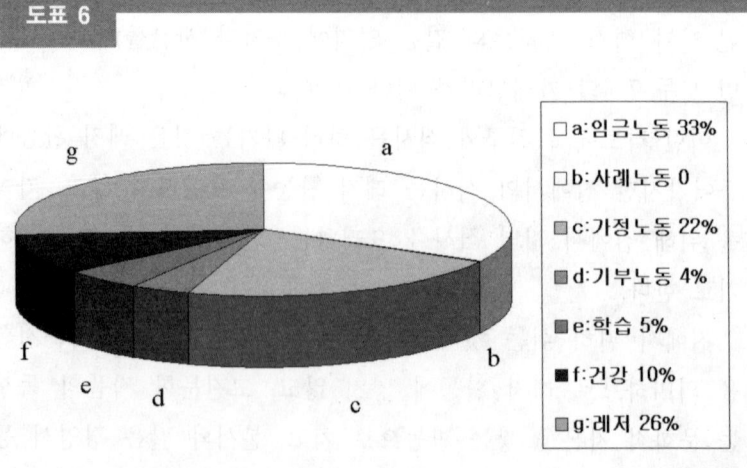

그래서 이런 단순한 시간계산을 하면 당신의 일상생활의 구성내용을 알 수 있게 된다. 낭비하고 있는 시간, 만족의 원천 그리고 맹점 등으로 쉽게 나누어 볼 수 있다.
 여기에서 포인트는 레저 항목에 너무 많은 시간을 할당하지 않는 다는 점이다. 이는 자신의 일상생활을 '더 좋은 삶'에 접근시키는 길이다.

에너지를 관리한다

풍선을 계속 불기만 하면 터져버리는 것처럼 인생도 하나의 것에 지나치게 치우치면 안 된다. 에너지(기)에 대해 아는 것은 물질적인 성공에만 가치를 두고 추구하는 것이 아니다. 명석한 정신을 유지하고, 균형감각을 가지며, 성숙함에 따라 자신을 더욱 새롭게 함으로써 자신의 인생을 관리하는 것이다.

위앙 티(내 친구의 사생활을 보호하기 위하여 가명을 사용하였음)는 태극권 사범으로 유럽 태극권 국가대표팀의 공식 감독이다.

그는 24세에 처음으로 중국을 떠났고, 파리에서 장학금을 받으며 공부하게 되었다. 유학을 마쳤지만 집으로 돌아가지 않기로 했다. 그래서 그는 중국음식점에서 접시를 닦기 시작했다. 중국에서 위앙(Huang Ti)은 매일 태극권을 하고 있었기에 파리에서도 공원에 나가 연습을 계속했다.

곧 많은 사람들이 아침에 공원에서 연습을 하기 위해 모이기 시작했다. 또한 그에게 강습을 해줄 것을 부탁하는 사람도 있었다. 위앙은 태극권을 가르치는 것이 하나의 상업 활동으로 되리라고는 상상조차 하지 못했지만, 결국 선생으로서 생활을 시작하게 되었다.

위앙을 만났을 때 나는 일본의 무도인 합기도를 가르치고 있었다. 하지만 부양할 가족이 늘어남에 따라 연습시간이 부족하여 결국 가르치는 것을 포기해야만 했다. 나는 위앙의 독신생활이 부러웠다. 위앙은 가족에 대한 책임을 지지 않았음으로 태극권의 연습에 필요한 시간이 충분했기 때문이다.

그러나 위앙은 사업을 시작하고, 부양할 가족이 있어야만 충실한 인생을 살 수 있다고 생각했다. 오늘날의 많은 중국 젊은이와 같이 위앙은 기업가 정신을 가지고 있던 것이었다.

그래서 위앙은 중국으로 돌아가 학생 때부터 늘 생각해 오던 애인과 결혼했다. 지금 그녀는 옷가게를 하고 있다. 둘 다 많은 시간을 딸의 교육과 위앙의 모친을 돌보는 데 쓰고 있다.

위앙은 무의 철학을 기반으로 하여, 활동 포트폴리오를 이해하고 있었다. 위앙의 이해 방식은 매우 흥미로운 것이었다.

무도는 싸우는 것에 관한 것이 아니라 일상생활에 관한 것이다. 태극권과 같은 무도는 자신의 에너지를 증가시켜, 그것을 현명하게 사용하는 법을 배우는 것이다. 풍선을 계속 불기만 하면 터져버리는 것처럼 인생도 하나의 것에 모든 초점을 맞춰서는 안 된다. 에너지(기)에 대해 아는 것은 물질적인 성공에만 가치를 두고 추구하는 것이 아니라. 명석한 정신을 유지하고, 균형감각을 가지며, 성숙함에 따라 자신을 더욱 새롭게 함으로써 자신의 인생을 관리하는 것이다.

가정과의 밸런스를 맞춘다

> 선진사회에 있어서는 개인과 가정이 그들의 시간에 대하여
> 더욱 큰 책임을 가지기 때문에, 활동 포트폴리오를 기초로 하여
> 가정이나 직업에 관한 계획을 세워야 할 것이다.

    포트폴리오를 볼 때, 부부의 것을 서로 비교하여 보는 것이 좋다. 포트폴리오라는 것은 어떤 특정의 시점에서는 균형을 맞추지 못하는 것이 보통이다. 그러나 결국, 분업에 의한 경제 효율은 가족에게도 적용되어야 하고, 특히 아이들이 있을 때는 더욱 그러하다.

    전통적인 가족에서는 여성은 전문적인 일을 가지고 활동하는 것을 희생하여, 아내로서 남편을 내조하는 역할에 치중했고, 어머니로서 아이들을 기르는 데 시간을 보냈다. 공식적으로는 이 필수적인 가족에의 투자는 경제학자들에 의해서도 고려되지 않았다.

    정부와 고용주는 가정에서의 여성의 희생이 줄어든 상황에서 여성이 전문직에 진출하기 위해 투자하는 것을 도와 주어야 하지만, 사실상 거의 아무것도 하지 않고 있다. 따라서 부부의 활동 포트폴리오에 다시 균형을 찾아 주는 것은 가족의 책임으로 귀결된다.

이것은 여성이 비즈니스를 시작하고 캐리어를 성취해 나가기 위한 자금을 마련하기 위해 생활비의 일부를 떼어내어 미리 저축해 두어야 된다는 것을 의미하는 것이다.

선진사회에 있어서는 개인과 가정이 그들의 시간에 대하여 더욱 큰 책임을 가지기 때문에, 활동 포트폴리오를 기초로 하여 가정이나 직업에 관한 계획을 세워야 할 것이다.

그렇게 할 수 없는 사람들은 고용자의 명령에 따라 그들의 활동 포트폴리오를 구성해야 할지 모른다. 만약 당신이 하나의 분야, 즉 일에만 모든 시간을 소비한다면 활동 포트폴리오 분석에서 경보음이 울리게 될 것이다.

달걀을 한 바구니에 모두 담으면, 다른 활동 영역의 희생에 따른 기회비용을 지불함은 물론, 포트폴리오가 변화했을 때 과거에 하지 못했던 것을 따라잡기 위해서 매우 열심히 일하지 않으면 안 된다는 사실을 잊지 말아야 한다.

Step 6 : 인생의 단계별 계획

Step 6 : 일상의 글쓰기 계획

단계별 인생

이 인생과 직업의 단계를 안다면
그 단계에 맞는 인생의 계획을 세울 수 있을 것이다.
안정된 환경을 바란다면, 환경에 잘 적응하고 시기를 잘 맞추어
인생의 에스컬레이터를 타야 할 것이다.
혹은 일반상식과 다른 인생항로를 선택할 수도 있다.

만약 신화시대(기원전 600년~서기200년)의 인도에 살고 있다고 한다면 인생의 지침으로서 「마누 법전, *Laws of Manu*)을 손에 들고 있을 것이고, 따라서 인생의 단계에 관해서는 명백한 개념 정립이 이루어져 있을 것이다.

최고의 바라몬 카스토(사제자 계층)의 남성이라면 정해져 있는 통과의례에 따라 8살 때 생도가 된다. 그 신분에 상응하는 의식과 기도의 방법을 배우고, 시주를 받으러 다니며, 땅에서 자고, 바라몬교의 근본경전인 베다를 익힐 때까지 스승 밑에 있게 된다.

이 과정이 끝나면 가족들을 보살펴 주는 임무를 가진, 인생 단계 중에서 최상인 가장이 된다. 가장으로서 세상의 도리를 따르고, 배움을 계속하며, 자신에게 맞는 방식을 지켜 나가고, 자기의 욕심을 통제한다. 직업, 부, 인종에 맞는 방식으로 이 대지를 걸어 나간다.

백발이 성성하여 손자가 생기게 되면 숲에서 살기 위해 가정

을 포기하고 대지에서 다시 자며, 베다를 낭송하고, 허브나 약초, 과일을 먹는다. 「마누 법전」은 여기서 몇 가지 선택을 허용한다.

하나는 마을 사람들에 의해 하루에 여덟 수저의 구원식량을 받거나, 아니면 똑바로 북동쪽으로 향해 걸어 몸이 다 소진하여 영면에 도달할 때까지 물과 공기만으로 생활하는 것이다.

만약 후자를 선택하지 않고 오래 살려고 한다면 인생의 최종 단계에 들어가서는 방랑하는 수행자가 되어 이 세상과 그 모든 부속물을 포기하고, 최후의 해방에 마음의 초점을 맞추게 된다.

이것은 남성에게 해당되는 것이다. 여성의 경우 「마누 법전」은 간결하게 설명하고 있다. 어릴 때는 부친에게, 젊을 때는 남편에게, 늙어서는 아들에게 의지한다. 여성은 결코 자신을 자립시킬 필요가 없다고 법전은 말하고 있다.

말할 것도 없이 이 단계별 인생의 개념은 당연히 지켜야 한다는 규범을 말하고 있는 것이기에 사실의 모습을 그리고 있는 것은 아니다. 그러니 오늘날에 모든 사람이 「마누 법전」에 따르는 것은 아니라는 사실은 당연한 것이다. 그러나 법전의 흔적은 아직도 남아 있어 인도의 가정에서 특유한 생활 양식으로 신봉되고 있다.

오늘날 단계별 인생은 공업사회의 인구구조 위에서 성립했다고 할 수 있다. 학교에 가고 그 후 취업을 한다. 청년기는 사춘기를 시작으로 가정형편을 고려하고 일의 필요성을 인식해 감에 따라(상류계급만이 청년기를 대학생활까지 연장한다) 16세에서 18세경에 끝나게 된다.

한번 일을 시작하면 가정을 이루게 되며, 일에 정주하기 시작한다. 한번 직업을 정했다가 중간에 그것을 바꾸어야 한다면 그것은 정말 불운한 것이다. 그러나 일생을 한 직장에서 보냈다면, 가족을 부양하고 은퇴 후에도 그들과 같이 지낼 수 있다.

이런 인생 단계는 곧 직업 단계인 것이다. 공부를 마친 후 공장의 미숙련 노동자, 전문 장인의 견습생, 혹은 관리직의 경우 있어서 보좌역이나 조수로서 다시 새로운 시작을 하게 된다. 그 후 얼마간의 시간이 흐른 뒤에야, 직위와 책임과 부하를 거느린 진짜 지위에 오르는 것이다. 그 후 재능과 운에 의해 경영관리직의 직위에 도달하고, 축복받은 소수로 선택되면 경영자로 승진할 수도 있다.

여성은 아이를 낳으려면 에스컬레이터에서 내려야 한다. 어떻든 간에 여성은 비공식적으로 환영받지 못하는 입장에 놓일 때가 많다. 공업사회에 있어서, 여성의 직위는 일의 단계에 있어 보통 예속적인 위치에 있을 뿐이었다.

이 인생과 직업의 단계를 안다면, 그 단계에 맞는 인생의 계획을 세울 수 있을 것이다. 안정된 환경을 바란다면, 환경에 잘 적응하고 시기를 잘 맞추어 인생의 에스컬레이터를 타야 할 것이다.

혹은 일반상식과 다른 인생항로를 선택할 수도 있다. 이 경우 시간을 잘 활용해, 좋은 기회를 예측하고 일이 잘되지 않을 때는 다른 사람의 의견을 듣는 등 인생을 전략화시킬 필요도 있다.

19세기 후반에서 20세기 전반에 걸친 문예작품의 중요한 소재는 인간이 공업화사회의 새로운 인생항로에 순응하는가 혹은 반항하는가에 관한 딜레마를 다루는 것이었다.

인간이 처한 곤경을 오색주단처럼 엮어낸 소설이나 호레이셔 알저(Horatio Alger, 1832~1890년, 소년들을 위한 성공스토리를

100편 이상 썼다)의 소설이나 공업 사회 내부구조의 톱니바퀴에 의해 인간의 가능성이 얼마나 마모되고 있는가를 밝혀 독자들에게 쇼크를 주었던 소설 등이 그것의 예가 될 수 있다. 영국에서는 찰스 디킨스(Charles Dickens, 1812~1870년, 소설가)가 노동자와 가난한 사람들을 묘사, 따뜻함과 유머로 사람들을 즐겁게 하는 동시에 독자들을 경악시켰다. 캘빈주의류의 성공과 영혼의 구원, 그리고 사회적 다윈이즘을 신봉했던 미국인들은, 시카고의 식육포장 공장에서의 사람들의 모습을 묘사한 싱클레어(Sinclair, 1878~1968년, 소설가, 사회비평가)가 쓴 글을 읽고 충격을 받았다.

19세기 말의 현상을 가장 잘 탐구했던 작가는 에밀 졸라(Emile Zola, 1840~1902년, 프랑스 자연주의 작가)였다. 28살 때 비극적 운명을 지닌 가족의 괴로움을 표현한 소설 20편의 「루공 마가레, *Rougon-Margaret*」 총서를 30년 동안 썼다.

파리의 매춘부가 즐비한 홍등가의 이야기나 작은 가게의 주인이 새로 생긴 백화점과 싸움을 해서 쓰러지는 이야기, 탄광에서 끔찍한 광경을 잘 그려낸 이야기, 철로에서 생활하는 사람의 이야기, 금융가의 뒷이야기, 전쟁의 비참한 광경에 이르는 일련의 연작을 썼다.

58세에 그 시리즈는 끝났지만 문학자로서의 생애는 끝나지 않았다. 1920년대까지 이 시리즈는 250만 부 이상 팔리게 된다.

공업사회에서 인생의 단계를 생각할 때 잘 깨닫지 못하는 점은 청년기라는 새로운 인생의 단계가 더해졌다는 사실이다.

중세에는 10살이 되면 이제 어른으로서 일을 시작했다. 반면, 공업사회에 있어서는 12살까지 혹은 14살, 또는 16살에서 17살까지 학교에 가도록 되어 있었다. 인생의 단계로서 청년기는,

전 생애를 거치는 과정에서, 향수를 가지고 뒤돌아볼 수 있는 자유와 낭만의 시기였다.

만일 공업적 문화색이 강한 발전도상국에 간다면, 지금도 이런 인생의 단계를 찾아볼 수 있을 것이다. 물론 탈공업화 단계에 있는 나라에도 이런 단계는 여전히 존재한다.

한국의 어느 회사에서 일을 했을 때가 생각난다. 거기엔 영어로 된 6단계의 계층조직도가 있었고 한국어로 된 조직도에는 13개의 단계의 계층이 있었다. 하지만 회사를 경영하고 있는 유럽인들은 이 두 개의 조직도를 일치시킬 수 없었다.

왜냐하면 한국인들에게 있어 각 단계의 계층은 실적과 연공(年功)을 통해 얻어진 사회적 의미를 담고 있기 때문이다. 이 조직도는 물론 남성용이었다. 젊은 여성이 훈련 담당과장의 직위에 오르는 것은 정말 큰 뉴스가 될 정도였다.

미혼의 이 여성에게 얼마만큼의 급여를 주어야 하는가에 대한 토론이 벌어지기도 했었다. 다수의 공식적인 반대 의견이 제기되었고, 회사 내 조화의 분위기를 염려한 관리자들은 비공식적 충고의 말을 더욱 많이 전달하기도 했다. 다행히 그녀의 한국인 상사는 인사부장으로 자신의 입장을 지켰고 젊은 한국의 관리자들은 그 입장을 지지했다.

사회가 발전함에 따라, 인생의 단계도 변화를 거듭했다. 사실 그 대부분이 바뀌었다고 할 수 있다. 오늘날 젊은이들은 청년기가 끝남과 동시에 안정된 직업을 찾아서 어른으로 살아가지는 않는다.

더 이상 청년기는 한정된 시기가 아니다. 대학 교육을 받은 젊은이들은 25세 전후에 그 직업을 찾아 최초의 일을 시작하여 대개 3년 내에 일자리를 바꾸고 연구와 공부를 다시 완전히 하기 위해 학교로 돌아가기도 한다.

오늘날 지식 노동자라고 불리는 대부분의 사람들은 학교를 졸업하기 전에 벌써 어른으로 여겨지며, 유럽의 젊은 노동자들은 20대 후반까지도 부모와 함께 생활하고 있다. 몇 명의 심리학자에 의하면 공업사회가 만들어낸 청년기란 개념은 30살까지 계속되는 인생의 중요한 한 단계라고 한다.

그리고는 결혼이라는 단계가 있다. 이것 역시 혁명이다. 어떤 젊은이들은 결혼하기 전에 부부 사이가 아닌 파트너로서 함께 살아보기도 한다. 어떤 부부는 전처나 전 남편의 아이를 기르기도 한다.

남편이 교도소에 있는 동안 고등학교를 마치려는 십대 소녀는 미국의 탈공업사회의 불쌍한 상징으로 볼 수 있다. 오늘날 직장을 가지고 활동하는 여성들은 경제력이 없는 남편을 필요로 하지 않으며, 결혼의 사회·경제적 필요성은 서서히 줄어들고 있다.

직업도 종래와는 다르게 변화했다. 직업은 자신에 의해 설계되고, 선택된 직업은 자신의 것이 되어 관리되어 간다. 오직 자신만이 단계별 인생의 필요성과 목표를 직업상 위치의 변화와 조화시켜 갈 수 있다.

은퇴는 열심히 일한 후 노년의 인생을 위해 만들어진 것이지만, 누구나 이 단계까지 도달하는 것은 아니다. 러시아에서는 직업에 따라 다르지만 정년이 60살~65살인데도 불구하고 남성의 평균수명은 59세이다.

그러나 미국으로 눈을 돌리면 IBM은 다운사이징 프로그램의 일환으로서 50살 때 정년퇴직을 인정하였다. 일본의 레이저디스크와 오디오 제조회사인 파이오니아에서는 1996년 경기하강에 직면하여 노동력 삭감방법으로서 나이 27세가 되는 젊은 노동자를 위한 조기퇴직이라는 아주 짧은 정년의 개념을 제안했다. 다른 사람들이 처음으로 직장을 구하려고 하는 젊은 나이에 퇴직하는 것을 과연 상상할 수 있는가?

샐러리맨으로서의 정년은 양끝이 타고 있는 양초와 같아서 점점 녹아 형태가 없어질 정도로 짧아지게 된다. 만일 이제 청년기가 어른의 단계를 뜻하게 된다면 정년퇴직이라는 개념은 아무런 의미도 갖지 않게 된다. 건강이 증진되고 특히 행동적인 생활방식이 촉진됨에 따라 70대나 80대까지 일할 수 있도록 계획을 세워야 할 것이다.

우리가 이해하고 있는 변화의 모습은 일부에 지나지 않는다. 그러나 탈공업화인생(Post-industrial Life)은 조심스럽게 계속해서 다가오고 있으며, 우리의 제도와 기관은 그 변화에 부응하지 못하고 있다.

공업사회의 인생의 단계와 발전 사회의 욕구가 서로 일치하지 않는 결과, 인생과 인적 자본의 낭비의 비율이 증가하는 등 인생의 단계가 붕괴되어 왔다.

젊은 사람들은 그들이 필요로 하는 것들을 갖추지 못하고 있고, 노동자도 노동시장의 변화에 대응하기 위한 정보와 자원을 구하지 못하고 있으며, 연장자들은 그 지식과 경험을 잘 활용하는 데 필요한 존경심과 협조를 얻지 못하고 있다.

그러나 미국사회에서는 이 새로운 사태에 겨우 적응하기 시작하고 있다. 젊은 사람들은 학교를 다니기 시작하고, 공부하면서 일도 하고, 노동자도 그 자신의 고용가능성에 책임을 지는 가운데 놀라울 정도의 회복력을 나타내고 있다. 또한 노인들도 자신들이 뒤쳐지지 않도록 노력하고 있는 등 변화의 모습을 보여 주고 있다.

하지만 내가 살고 있는 프랑스에는 대학 졸업생들의 대규모 실업 문제와 변화에 저항하는 노동자들의 문제를 안고 있을 뿐 아니라, 은퇴한 후의 혜택을 받기 위해서는 아무 일도 하지 못하는 노인 문제도 존재한다.

우리들은 전환기의 한가운데 있으며, 라이프 사이클의 변화는 이를 확실히 보여 주고 있다. 어떤 이는 아무것도 일어나지 않는 것처럼 이제까지 하던 대로 그대로 나가며, 또 어떤

도표 7

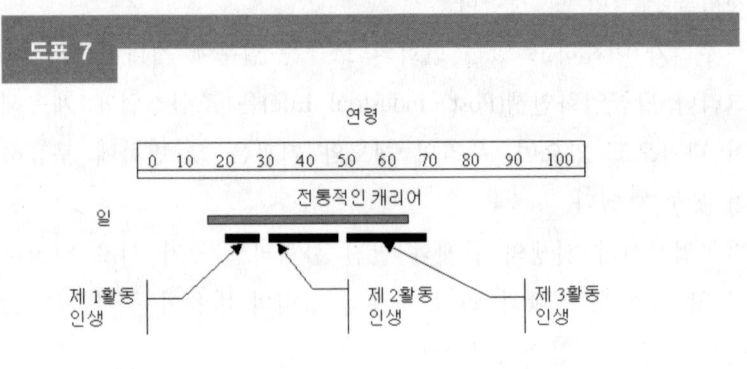

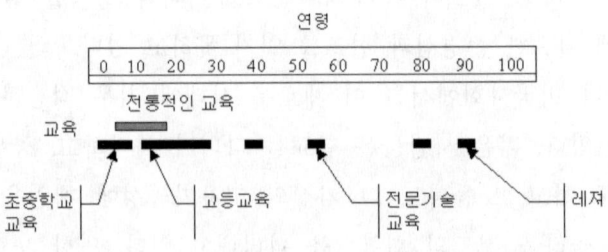

이는 아무도 책임을 지지 않는 사회적 '고장'의 비극에 희생양이 되기도 한다. 대부분의 사람들은 한 쪽 발은 과거의 관행에 살짝 담근 채, 다른 한 발은 깊이를 모르는 바다 속 미지의 생활영역으로 들여놓고 있다.

 게일 시히 (Gail Sheehy)는 1995년 랜덤하우스 출판사가 발행한 「새로운 도정」에서 미국 베이비붐 세대는 시간이 지남에 따라 세태에 적응해 왔음을 보여 주고 있다. <도표 7>은 지난 50년간 교육과 직장생활의 구조에 관한 놀라운 변화를 설명해 준다.

라이프 사이클의 변화

중등교육 후의 인생에 관해 3가지로 구분된 단계를 볼 수 있다.
최초의 것은 고등교육과 실습교육(인턴쉽)으로
이는 전문적인 일을 하기 위한 기초학습기간이다.
제2단계는 전통적인 직장생활과 일치하는 것이지만 이 단계에서
자기 기업화에 대응하는 다양한 직업활동범위의 길이 열리게 된다.
약 45세경에 생활의 새로운 단계가 시작되며,
그것은 전통적인 직장생활과는 거의 관계가 없는 것이다

공업사회에서 직장생활의 기간은 30~35년으로 아주 짧다. 이것은 오늘날의 인생에 있어서 분명히 말해 불충분한 기간이다.

30세에서 시작해 60세에 끝나는 봉급생활자에게 직장생활은 대학에서 공부에 투자한 것에 비하면 불충분한 것이고, 90살 또는 백살까지 예정된 노년을 위해서 필요한 건강과 수입을 보장해 주는 것도 아니다.

교육은 이제 한 번으로 끝나지 않으며 이는 앞의 <도표 7>에서 확인해 볼 수 있다. 교육은 일생을 통해 지속되고 일반교육, 전문기술 그리고 레저 등 몇 개의 기능을 갖는다.

<도표 7>을 보면, 중등교육 후의 인생에 관해 3가지로 구분된 단계를 볼 수 있다. 최초의 것은 고등교육과 실습교육(인턴쉽)으로 이는 전문적인 일을 하기 위한 기초학습기간이다.

제2단계는 전통적인 직장생활과 일치하는 것이지만 이 단계에서 자기 기업화에 대응하는 다양한 직업활동범위의 길이 열

리게 된다.

  약 45세경에 생활의 새로운 단계가 시작되며, 그것은 전통적인 직장생활과는 거의 관계가 없는 것이다.

  그것은 인적 자본이 이미 일하고 있는 조직에 의존하지 않고 소위 원로로서의 활동을 통해 자신과 사회의 발전을 위해 밑거름 작용을 하는 것이다. 이들 인생단계를 더 자세히 살펴보자.

  그것은 이미지와 위치 매기기, 인적 자본과 활동 포트폴리오라는 자기 기업화의 서로 다른 구성요소들을 같이 조합하여 활용할 수 있는 멋진 기회인 것이다.

제1차 인생활동기(18～30세)

제1차 인생활동기는 자신의 정체성을 확립하고 인적 자본의 기반을 구축하며, 전문 직업의 전략을 선택하는 시기이다.

이것은 심리학자가 후기청년기 혹은 탈청년기로 보고 있는 단계이다. 이 단계에서는 학생으로서 또 전문적인 조직의 실습생으로서 사회적 역할에 균형을 취하지 않으면 안 된다.

이들 역할을 정확히 해낸다는 것은 때로 어려울지도 모르나, 배우고 있는 것과 상응하는 실습훈련의 기회를 갖는다는 것은 유익한 일이다.

이때 여러 가지 일을 하면 좋지만 실습훈련으로서 중요한 것은 자신이 택하는 직업을 이해할 수 있게 해주는 일인가 하는 것이다.

이것은 기본적으로 인생의 새로운 단계로의 준비이기도 하다. 또 이 시기는 자신이 중심이 되는 영웅적인 인물이 되기 위한 단계이기도 하다.

그것은 정말 시초 단계인 것이다. 자신의 정체성을 확립하고 인적 자본의 기반을 구축하며, 전문직업의 전략을 선택하는 시기이다.

도표 8

	학 생	실 습 생
이미지와 위치 매기기	・학문적, 전문적 지식 ・개인으로서의 꿈 ・다른 자격증과 훈련의 기회를 추구함 ・교수와 다른 어른들로부터의 추천서	・조언자와의 관계 ・원하는 직업에의 길을 실천하기 위해 일을 바꾼다.
인적 자본	・자격과 면허 ・젊음과 에너지 ・개인적 경험 ・개인적 자질과 재능 ・가족적 배경	・기술과 능력 ・학습에 필요한 동기부여와 배우려는 의지 ・전문기술의 지식 ・인적 접촉의 네트워크
활동 포트폴리오	・학교에 다니는 동안 연구노동이 지배적 ・2차적인 활동으로서 급여노동과 사례노동 ・많은 레저와 탐구의 시간 ・가사노동은 최소화	・급여노동이 지배적 ・가족을 가진다면 가사노동에 많은 시간을 보내야 한다. ・맞벌이 세대 중에서는 누가 주된 수입원인가를 정하고, 잠재력을 높이기 위해 교육과 훈련을 지속

제2차 인생활동기(31~45세)

제2차 인생활동기는 돈을 벌고, 인적 자본을 갖추고, 가정을 유지하고, 꿈을 실현시키기 위한 활동 등 여러 가지 행동을 하나의 포트폴리오로서 잘 관리하고 균형을 취해야 할 시기이다.

제2차 인생활동기는 전문직으로서의 책임감을 확실히 가지는 것에서 시작하며 또 대부분의 경우 가정도 꾸리게 된다.

또한 전문가로서 조직 내의 직무를 선택할 것인가 아니면 조직 밖의 프리랜서로서 활동할 것인가를 선택하게 된다. 사람들은 기회가 생기면 양쪽을 왔다갔다하면서 일하기도 한다. 이 시기는 젊은 기업가들이 스스로 생계를 꾸려 나가는 방법을 발견하는 때로 자신에게 봉사함으로써 다른 사람에게 봉사하게 된다.

이때는 앞에서 말한 오딜 노쉬(Odile Nauche)가 자신의 승마 클럽을 시작하기 위해 '돈을 잘 버는 여성'이라는 열망을 포기한 나이기도 하며, 위앙(Huang Ti)이 가계를 이끌기 위해 태극권을 가르치는 작은 사업을 시작한 때이기도 하다.

또 다이안 하웰(Diane Howelle)이 흑인의 비즈니스를 촉진시키기 위해 무언가를 시작했던 때이고, 로라게이츠(Laura Gates)가 여성이 사회에 진출하는 것을 돕기 위해 광고 회사를 시작한 바로 그때이다.

도표 9

	조직 내에서 직무를 수행하는 사람	프리랜서
이미지와 위치 매기기	• 이미지는 실적과 잠재력을 기반으로 한다. • 직업의 목표를 명확히 한다. • 인생의 구조와 책무에 따라 변화가 요청된다. • 승진에 따라 조언자로부터 벗어난다.	• 조언자와의 관계 • 원하는 직업에의 길을 실천하기 위해 꿈을 실현시킨다. • 라이프 스타일의 목표가 명확하다. • 자신의 가치를 제시하기 위한 독특한 개성의 발견 • 능력과 경험이 어울려 자리매김을 명확하게 한다. 일을 바꾼다.
인적 자본	• 훈련 • 실무경험 • 네트워크 • 개인적 자질과 재능 • 일하기 위한 에너지가 높다.	• 기술과 능력 • 학습에 필요한 동기부여와 배우려는 의지 • 전문기술의 지식 • 인적접촉의 네트워크
활동 포트폴리오	• 직업의 필요성에 따라 균형있는 행동을 한다. • 가사노동은 아이들을 키우기 위한 투자와 배우자와의 협조를 필요로 한다. • 학습노동에 관해서 정규의 학습교육의 가능성을 완성시키기 위해 배우자와 협조하는 것이 필요하다.	• 가장 균형 잡힌 활동을 위한 생활방식을 고안한다. • 활동이 자신에게 뿐만 아니라 타인에게도 이익을 주게 한다. • 자신에 관한 성찰이 직업과 조화를 이룬다.

제2차 인생활동기는 돈을 벌고, 인적 자본을 갖추며, 가정을 유지하고, 꿈을 실현시키기 위한 활동 등 여러 가지 행동을 하나의 포트폴리오로서 잘 관리하고 균형을 취해야 할 시기이다.

조직 내에서 활동하고 있다면, 전통적인 직장생활의 형태와 유사할 것이다. 그러나 부부가 모두 전문직업인인 가정에 있어서 일의 관리란 일종의 협동작업으로서, 아이를 기르기 위한 분업도 필요할 것이다.

오늘날 사람들은 인생의 이 단계를 전통적인 직장인보다 빨리 끝내기도 한다. 그것은 약 45세경인데, 예를 들어 같은 회사에서 계속 근무한다고 해도 자신의 위치 매기기가 근본적으로 변화하며, 잠재능력이 고용주에게 잘 알려지는 것이 이때쯤이기 때문이다.

제3차 인생활동기(46~75세)

그의 나이 60대에 저작활동에 있어서 큰 걸음을 내딛었으며, 90대인 아직도 그 활동을 계속하고 있다. 이들 처음 두 단계는 사회발전에 의해 그 형태가 바뀔 수 있지만, 인간의 놀랄 만한 가능성을 품고 있는 때가 바로 제3차 인생활동기이다.

제3차 활동기는 인생의 성숙 또 완성의 단계로 노령으로 향하는 단계이기도 하다. 정년퇴직이나 은퇴는 사람마다 큰 차이가 난다.

본질적으로 조직에서 배울 수 있는 것은 다 배웠고 전문직으로서 활동의 통제방법도 습득했다. 종사하고 있는 분야에서 달인으로 인정되었고 전략적인 자문과 같이 원로의 기능을 수행하게 된다.

이 단계는 가장 긴 인생활동기간이 되는 경우가 많다. 계획과 육체적인 정력이 요구되는 시기임과 동시에 레저 활동을 하거나, 가족의 일을 처리하는 데 지혜를 주거나, 옛날부터 이루고 싶었다고 생각하는 활동에 몰입함으로써 좋은 인생의 열매를 거두는 시기이기도 하다.

로버트 캐메론(Robert Cameron)은 이 무렵 직장을 그만두고 항공사진가로서 살아갈 것을 결정했다. 그는 80대에 들어선 지금도 그 일을 하고 있다.

도표 10

	명인	원로
이미지와 위치 매기기	・일에 최대한의 가치를 부여하는 능력 ・자신이 선호하는 일에 스타일과 속도를 부여하는 능력 ・네트워크와 협력자가 충분히 형성되어 있다. ・조언자로서 또는 귀감으로서 타인에게 기술을 전수하고 타인을 발전시키는 것에 대한 관심	・전술가라기보다 전략가로서 대국에 관심을 가진다. ・더 작은 양으로 더 높은 질을 손에 넣는 능력 ・심판자나 조언자로서 인정된다. ・성숙도를 요구하는 활동에 참가하도록 의뢰받는다(정치, 이사회, 비영리단체 등).
인적 자본	・조기교육과 훈련 비중을 줄이고 능력의 비중을 늘린다. ・고급기술과 다방면의 기술로 가치 증대 ・고객과의 장기적 관계 ・만년의 인생을 위해 돈과 자산을 모으기 위해 일한다 ・건강과 에너지를 유지하기 위해 투자	・지혜, 문화적 경험, 개성이 중시된다. ・전략적 판단능력이 더 중요하다. ・가족과 사회의 네트워크가 본질적으로 안전망이 된다. ・성숙한 고객층과 네트워크 ・지적재산권
활동 포트폴리오	・사례노동과 경영자로서 지위를 통해 경험을 자본화 ・아이들이 자립함에 따라 가사노동은 감소한다. ・레저와 다른 사람을 돕는 시간을 증대한다. ・건강, 휴식을 위한 시간이 증가한다.	・급여노동과 명예적 지위 사이에 균형을 취한다. ・협력자와의 조화 ・인도적, 사회적, 정신적 활동에 투자한다. ・자주적 학습과 레저 학습이 증가한다.

찰스 핸디(Charles Handy)가 자신의 노동 포트폴리오를 변화할 것을 결정한 뒤 런던대학(LSE)의 교수직을 버리고 경영학의 분야를 훨씬 넘어선 사회적인 테마에 관한 저작활동을 시작한 때이기도 하다. 그의 나이 60대에 저작활동에 있어서 큰 걸음을 내딛었으며, 90대인 아직도 그 활동을 계속하고 있다.

이들 처음 두 단계는 발전사회에 의해 그 형태가 바뀔 수 있지만, 인간의 놀랄 만한 가능성을 품고 있는 때가 바로 제3차 인생활동기이다.

전통적 문화 속에 다수의 라이프 스타일을 연구하며 나 자신의 인생경험을 이들의 시스템 속의 적절한 단계에 맞춰보고 싶었지만 나의 경험과는 맞지 않았다.

현대 생활을 묘사한 사회학자들의 책을 읽은 후에도 잘되지 않았다. 단지 게일 시히(Gail Sheehy) 책의 개정판을 읽었을 때 나 자신이 직업과 교육에 관하여 관찰했던 여러 가지 변화와 일치하는 것을 느낄 수 있었다. 그것은 사람들은 삶을 영위해 나가는 과정에 유념해야 할 부분들이 있음을 잊지 말아야 한다는 것이었다.

여기서 말한 인생 활동의 세 시기와 형태는 좋은 삶을 위한 처방이 아니라 선진 사회가 심화됨에 따라 전개되어지는 인생의 유형이다. 사람들은 이들 세 가지 단계에 있어 각각 다른 경험과 욕구를 가진다.

최저임금으로 일하는 여성 가장과 경영자로서 수입을 얻는 맞벌이 부부와도 유사성을 찾을 수 있을 것이다. 발전단계에서 나타나는 연령은 절대적 수치가 아니며, 각각의 인생 단계의 수치에는 3년의 오차가 있다고 보고 있다.

연령보다는 직위가 더 의미 있는 개념이 된다. 어떤 사람은 젊은 나이에 명장(明匠)이 되기도 하고 혹은 50살이 되어 새로운 활동을 시작하는 인턴도 있다. 따라서, 라이프 사이클을 잘 이해하고 전략을 세우는 일이 필요하다고 생각한다. 내 책의 이 부분을 읽고 변화의 필요성을 이해했으며, 변화를 하기 위해 무엇을 할까 하는 이정표를 얻게 되었다고 생각하는 많은 사람으로부터 전화와 편지를 받았다.

개념이라든지 지적 도구는 전략을 도출하기 위한 자신의 행동과 견해에 의미를 부여하기 때문에, 그것이 반드시 명백한 방향을 가리키고 있지 않다 하더라도 당신에게 도움이 될 수 있다.

그러나 변화 속에는 항상 위험이 존재하고, 자신을 대신해서 의사결정을 해주는 안내인은 존재하지 않는다. 그리고 이것은 조안 프랑크(Joan Frank)가 깨달은 바이기도 하다.

조안 프랑크는 시중에 나와 있는 위험을 감수하고 동기를 부여하는 모든 오디오 테이프를 들었지만, 그녀가 직장을 그만두고 새 사업을 시작할 용기를 주지 못했다. 그녀는 현재 라이프 사이클에서 벗어나야 한다는 것을 인식하지 못했다고 1993년 8월 6일에 행한 인터뷰에서 털어놓았다.

"일주일에 50~60시간 일하면서 어떻게 새 사업을 시작할 수 있겠어요? 현재의 일에 너무 깊이 빠져 있어서 내 자신을 움직일 수 없었습니다."

조안 프랑크는 실리콘 밸리에 있는 비디오 제작회사에서 착실히 명성을 쌓아가고 있었다. 그러나 어느 날 소속 부서의 직원회의에 갔다가 예고도 계획도 없이 직장을 그만두었다.

"계속 인원정리가 되었습니다. 우리 모두 너무 일한 나머지 일할 의욕도 잃어버렸습니다. 그 회의석상에서 상사는 앞으로 5~6개월 다른 제품의 완성을 위해 열심히 일해 달라고 말했습니다. 그때 그만둘 때는 지금이라고 생각했죠. 그 일을 한다면 회사를 그만둘 수 없으니까…. 이 직무에서 할 수 있는 것은 모두 배웠습니다. 불안과 죄의식을 빼고는 아무것도 나를 멈출 수 없었죠."

새로 시작한 첫 해에 조안은 성공적이었다. 실제 그녀 곁에는 프리랜서로서 비디오 작품과 라디오 프로와 텔레비전 광고 카피를 쓰는 일이 산더미 같이 쌓였다. 그러나 정말 하고 싶었던 것은 좀 다른 것이었다.

"오디오를 만들고자 하는 꿈과 계획은 연기한 채, 밀려 들어오는 일을 모두 끝낼 때까지 나의 꿈을 미뤄두고 있었죠."

1991년 후반 조안은 이 이상 꿈을 이루는 것을 미룰 수 없다고 마음을 먹고 지금이 행동을 시작할 때라고 생각했다. 그리고 하루에 4시간씩 오디오 작품을 만들기 위해 투자하기 시작했다.

1992년에는 오디오 출판 회사를 세우기 위해 모든 시간과 노력을 쏟아 부어 최초의 제품「인스턴트 배짱(금방 용기가 솟아요)」을 내고, 옛날 직업을 바꿀 때 어느 동기 부여 카세트 테이프에서도 듣지 못한 메시지를 자신이 직접 만들어낸 것이다.

오늘날 경제체제 속에서는 매우 많은 것들이 잘못되고 있기 때문에 조그만 일도 참아낼 수 있는 인내력이 절실히 필요합니다. 한 회의장소에서 다른 회의장소로 이동해 가며 좌절에 따른 비명을 외치며 운전 시간을 보냈죠. 그래도 이대로 계속하지 않으면 안 된다는 생각이 들었습니다. 무언가를 향해서 앞으로 나가고 있다는 생각이 들었습니다. 반드시 잘될 것이라는 예감을 믿고 싶었죠. 그래서 내가 그것을 성취할 때까지 멈추지 않기로 했습니다. 그때 필요하다고 생각한 것은 두려움을 없애기 위한 배짱과 장기적인 위험에 도전하는 것이었습니다.

조안의 첫걸음은 위험 감수 행동을 조사하는 것이었다. 수십 명의 사람을 인터뷰하고 지금하고 있는 일이 만족스러운가를 묻고, 불만족스럽다면 꿈의 실현을 방해하고 있는 것은 무엇인가 물어보았다.

그러자 똑같은 대답이 반복된다는 것을 깨달았다. 바빠서, 무서워서, 무엇인가가 방해해서, 어디서 시작하면 좋을지 몰라서 등등. 동시에 꿈을 실현하고 있는 사람들에게도 성취의 과정을 물어보았다.

「인스턴트 배짱」의 원고 집필과 편집은 제1단계에 지나지 않았다. 성우의 심사에서부터, 제작 감독, 포장의 디자인, 전국 판매 유통망 선정 등 다양한 문제를 배워서 처리해 나가지 않으면 안 되었다.

카세트 테이프가 소귀에 경 읽기가 되지 않기 위해서 조안은 애써 스스로의 재능을 발휘하려고 노력했다. 과거에 돈이 많이 들었던 녹음내용도 폐기하면서 최종적으로 두 명의 성우를 선택했다.

「인스턴트 배짱」이 꿈에서 현실로 실현될 때까지 3년이라는 세월이 흘렀다. 그 발매 시점은 아주 적절했다. 카세트 테이프 사업은 겨우 수년만에 10억 달러 시장규모로 급성장하여 「인스턴트 배짱」은 히트했다. 조안 프랑크는 시장의 상황에 따라 자신의 인생을 변화시키는 것이 가능했으며, 앞으로도 사업을 이끄는데 있어서 그녀의 직관력을 계속 중시할 것이다.

"지금 한 권이 끝났기 때문에 제 2탄은 더 간단히 되겠죠. 내 자신의 충고에 계속 잘 따라가기만 하면 모든 것이 잘될 것이라고 생각합니다."

Step 7 : 마음을

수련하자

노동, 교육, 레저의 삼위일체

레저는 더 이상 공업노동으로부터의 도피처라는 의미를 가지지 않는다. 우리는 탈공업화사회에서 세 가지 활동인 교육, 노동, 레저가 서로 각각 균형을 취하는 새로운 패러다임으로 이동하고 있는 것이다. 미래에는 이들 세 가지 활동의 가치는 무엇보다 인생의 목표에 따라 다르게 결정될 것이며, 각각의 활동에 할당되는 시간은 하나의 포트폴리오로서 관리되어질 것이다.

정신을 충분히 개발하기 위해서 인간은 레저를 필요로 하게 되는데, 그런 혜택은 최근까지 상류계급에게만 열려 있었다.

19세기가 되어서야 비로소 미국과 유럽의 노동자들도 매년 레저 활동을 계획하여 즐기게 되었는데, 그것은 공업활동에 의해 생겨난 강렬한 스트레스를 풀기 위한 사회적 필요성에서 생겨난 것이었다.

'휴가'의 개념은 점차 광범위하게 퍼져 결국 레저와 거의 같은 것을 의미하게 되었다. 초기의 휴가는 다음과 같은 3개의 활동 중 하나를 의미하는 것이었다.

첫째, 유럽에서 증가하고 있던 온천을 통한 건강증진.

둘째, 스포츠와 휴식을 즐기기 위한 휴양 단지 방문.

셋째, 자연의 경이로움과 역사적 건축물이나 이국의 문물을 즐기기 위한 여행이다.

어떤 경제사회에서 휴가가 확산되기 위해서는 다음의 3가지 조건이 필요하다. 첫째 적어도 매년 2주간의 휴가가 법적으로 보장되어있어야 하며, 둘째 충분한 운송수단과 친절문화의 사회적 기반 정비가 이루어져 있고, 셋째는 매일의 생활필수품을 구매하고도 남는 예산을 확보할 수 있을 정도의 충분한 수입이 준비되어 있어야 한다.

아프리카에서는 지금도 휴가는 부유층만을 위한 것이다. 중국에서 휴가는 급속히 확산되고 있는 새로운 사회현상이다. 게다가 유럽의 가난한 나라에서의 휴가는 불과 한 세대 전에 생겨난 것이었다.

공업사회에서 휴가는 생활 리듬의 한 부분으로 인식되었지만, 탈공업화를 이룩한 국가들에 있어서 휴가의 개념은 변화하고 있다. 이들 나라들에서는 노동은 의미가 '규칙적인 휴가의 리듬을 갖기 위한 조건인 상시 근로자의 예측 가능한 노동'에서 이전과는 다른 특별한 형태로 바뀌고 있다.

노동시간이 점차 다양성을 가짐에 따라 다양한 유형의 일이 생겨나고, 두 개의 수입원이 있는 맞벌이 부부나 자가 고용, 자영업도 생겨, 노동은 자기 기업화가 되었으며, 학습은 노동의 일부분이 되었다. 그 결과 휴가는 계속되지만, 레저는 본래의 휴가의 의미와 차별되어, 새로운 가치를 가지게 되었다.

레저는 더 이상 공업노동으로부터의 도피처라는 의미를 가지지 않는다. 우리는 탈공업화사회에서 세 가지 활동인 교육, 노동, 레저가 서로 각각 균형을 취하는 새로운 패러다임으로 이동하고 있는 것이다.

미래에는 이들 세 가지 활동의 가치는 무엇보다 인생의 목표에 따라 다르게 결정될 것이며, 각각의 활동에 할당되는 시간은 하나의 포트폴리오로서 관리되어질 것이다. 또한 레저는 학습의 의미를 바꾸기도 하고 있다.

오늘날 사회에 있어 레저의 의미는, '노동으로부터의 해독제'라 여겨졌던 휴가의 의미에서 자기개발의 적극적 추구라는 의미로 변화하게 될 것이다. 또한 레저를 위한 학습은 그 자체가 가치 있는 활동으로 자리잡아 가고 있다.

레저에 관한 이러한 가치관은 특별히 새로운 것도 아니다. 아리스토텔레스에 있어 자기개발은 그 자체가 목적이 되어, 인생에 있어 끊임없는 성장, 창조, 성취의 활동을 지속하는 것을 의미한다.

여기에 상응하는 철학은 아시아에서 공자에 의해 주장되었는데, 공자는 사회의 규율은 마음의 수양에서부터 비롯되는 것이라고 가르쳤고 이는 바로 오늘날 자기개발의 개념과 일치한다. 노동, 교육, 레저는 새로운 삼위일체가 되어, 탈공업사회의 새로운 가치에서 그 의미를 발견해가고 있다. 즉, 그것은 자기계발과 자기발전인 것이다.

레저와 학습 활동

탈공업화사회는 단순한 경제적 발전만이 아니라 즐거움의 추구에 의해서도 특징지워질 수 있을 것이다.

탈공업화경제에서는 재미있는 모순을 경험하게 된다. 대부분의 새 일자리는 레저산업에서 비롯된다고 하는 것이다.

예를 들어 로스앤젤레스에서는 방위산업체의 대폭감축에 의

도표 11

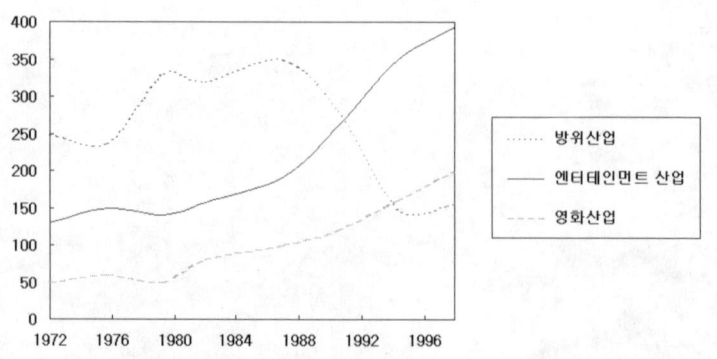

캘리포니아의 고용상황(단위 1000명)

해 없어진 일자리는 탈공업화사회의 최고의 산업인 엔터테인먼트사업에 의해 채워졌다.

캘리포니아주는 3000만 명의 인구를 가지고 있지만 탈공업화 붐에 의해 3년간 100만 개나 되는 공업노동이 아닌 새로운 일자리가 만들어졌다.

탈공업화사회는 단순한 경제적 발전만이 아니라 즐거움의 추구에 의해서도 특징지워질 수 있을 것이다.

여가중의 학습

11년 전, 마이클 아이스나의 아내는 디즈니사의 회장인 남편의 스케줄 몇 가지를 취소시키고, 그녀가 십대에 일했던 쇼토쿠아에 데려갔다. 그곳에서 체류하는 동안 떠오르는 아이디어가 몇 가지 있었다. 1996년 6월 22일자 "파이낸셜 타임즈"에 의하면 마이클회장은 디즈니사의 다음 엔터테인먼트의 개념을 '디즈니 방식으로 인생의 질 높이기'로 잡았다는 사실을 밝혔다.

레저와 즐거움과의 차이는 무엇일까? 레저는 자신의 발전과 학습을 추구하는 활동이다. 엔터테인먼트와 같이 레저를 통한 학습활동은 그 자신의 인프라를 가지고 있다.

이 새로운 인프라의 최상의 전체 모습은 1994년 출판된 「포드판 미국 학습 휴가 가이드」 속에 나타나 있다. 300쪽에 이르는 이 책은 각 대학이 제공하고 있는 여름방학 학습 프로그램을 알려 준다.

어디서 그림을 배우면 좋은지, 어떤 고고학 발굴에 참가하는 것이 가능한지, 최상의 요리코스가 무엇인지, 어디서 정원 가꾸기나 보트 만들기를 배우면 좋은지 등의 내용이 담겨져 있다.

아마 대중을 상대로 여가중의 학습을 위해 조직된 최초의 기관은 1874년에서부터 지금까지 계속 운영되고 있는 뉴욕 북부의 쇼토쿠아 협회(Chautauqua Institute)일 것이다. 당초는 오하이오주의 제조업자인 루이스 밀러(Louis Miller)와 장로교회의 목사였던 존 빈센트(John Vincent)에 의해 주일학교 교사를 위한 휴가학교로서 창설되었다.

　협회운영의 결과 이 학교는 레저 학습의 평판이 매우 좋아서 곧 주일학교 교사뿐만 아니라, 더 많은 회원을 가지게 되었으며 쇼토쿠아 운동으로 알려지게 되었다.

　쇼토쿠아 하계 대학은 학생들을 위한 명저(名著)클럽을 신설했으며 이는 미국에서 가장 오래된 도서클럽이 되었다. 또 유명한 음악가나 강사를 초대하였다.

　최초에 세워진 빅토리아풍의 건물에 콘서트 홀, 오페라 극장, 영화관, 원형 경기장 그리고 골프 코스 등이 증설되었다. 4개의 호텔과 10개의 기숙사와 게스트 하우스가 그 주변에 자리잡고 있다.

　1996년 8월 어떤 한 주(Week)의 학습과목을 살펴보자. 수채화, 미국 미술과 건축, 자연과학에의 모험, 독서, 컴퓨터 코스, 로보트 공학, 투자, 풍부함의 연구, 참 자아의 발견, 대립을 화합으로 전환하는 법, 시간관리, 장기, 요가, 태권, 뜨개질, 윤리학, 사진, 스페인어, 프랑스어, 시, 여성의 글쓰는 방법, 베르디의 오페라, 발레, 학습방법의 연구, 대화법 등 다양한 과목이 있다. 뿐만 아니라 학습내용은 매주 바뀐다.

　학습레저에 관한 중요한 벤처 기업이 생겨난 곳은 여기 쇼토쿠아였다. 11년 전, 마이클 아이스나(Michael Eisner)의 아내는 디즈니사의 회장인 남편의 스케줄 몇 가지를 취소시키고, 그녀가 십대에 일했던 쇼토쿠아에 데려갔다.

　그곳에서 체류하는 동안 떠오르는 아이디어가 몇 가지 있었다. 1996년 6월 22일자 "파이낸셜 타임즈"에 의하면 마이클 회장은 디즈니사의 다음 엔터테인먼트의 개념을 '디즈니 방식으로 인생의 질 높이기'로 잡았다는 사실을 밝혔다.

디즈니사는 같은 해 화려하게 선전을 하는 가운데 플로리다에 개설된 디즈니 협회를 경영하기 위해 리처드 하튼을 고용했다. 디즈니 협회는 60개의 학습활동을 제공하고 있으며, 공예와 스포츠와 함께 엔터테인먼트, 영화와 디자인 등의 과정도 포함하고 있다.

파리에 있는 유로 디즈니랜드의 인사부장인 미카엘 퍼쉬(Michael Perchet)는 플로리다 디즈니협회가 그 초기 투자자금을 회수하기 위해서는 몇 년의 시간이 더 걸리겠지만, 즐기면서 학습을 하는 최고의 인프라의 구축이라는 목적은 이미 달성되었다고 말했다.

행동하는 주체로서의 측면

> 프랑스의 포아티아에 있는 미래를 테마로 한 학습공원인
> 퓨처로스코프(Futuroscop)가 그토록 성공을 거두고 있는 요인은
> 바로 적극적인 학습법에 있다.

 학습은 학습하는 사람이 수동적인 관찰자가 아니라 자발적으로 참가하여 행동할 때에 의미 있는 여행이 되고 모험도 된다. 그런 활동을 다른 사람과 함께 나눌 수 있다면 학습에의 흥미는 한층 더 높아질 수 있다.
 학습의 이런 측면은 전통적인 지식 인프라인 박물관의 개념을 근본적으로 바뀌게 한다.
 뮌헨에 있는 독일의 과학 박물관(German Science Museum)과 같은 전통적인 박물관도 사람들이 실제 실험에 참가할 수 있도록 하고 있으며, 샌프란시스코의 엑스플로토리엄(Exploratorium)과 같은 새로운 박물관은 방문객들로 하여금 고차원적인 형태로 사물을 인식할 수 있도록 하였다.
 프랑스의 포아티아에 있는 미래를 테마로 한 학습공원인 퓨처로스코프(Futuroscop)가 그토록 성공을 거두고 있는 요인은 바로 적극적인 학습법에 있다. 그곳에는 국영원격학습센터의 본부와 프랑스 최대의 혁신적인 고등학교가 위치해 있는 등 교

육과의 연결이 명확하다.

미국 워싱턴시의 스미소니안 협회(Smithsonion)는 별도의 방향을 모색하고 있다. 여기선 수백 개의 성인교육 세미나와 세계 각지로의 연구 여행 프로그램 등을 운영하고 있다.

1996년 여름 프로그램에는 나파 밸리에서의 창조적 글쓰기, 산디에고에서의 공중관찰 세미나, 애리조나에서의 나바호족의 도자기와 그림 공부, 디트로이트에서의 자동차연구 등이 제공되었다.

새로운 문화적 에너지

> 1996년 5월에서 10월까지의 목록에는 40회 이상의
> 예술과 창조성에 관한 세미나,
> 그리고 거의 같은 수의 심리학이나 초자아(超自我)과정이 있었다.
> 또한 20회 이상의 명상과정이나 정신수양의 세미나도 있었다.

오늘날 문화활동은 세계 최대의 경제활동으로 발전해가고 있는 여행과 결합되고 있다.

문화적 관광 여행은 이집트나 캄보디아 같은 개발도상국들뿐만 아니라, 탈공업화 경제로 이행하고 있는 국가들 중, 프랑스나 이탈리아, 스페인 등의 나라들과 같이 풍부한 문화적 유산을 지니고 있는 나라들에게 아주 중요한 자원이 되고 있다.

모든 문화 관광여행자들이 방문하는 장소의 70%는 최근 30년 동안에 공개되어 왔다.

문화관광여행지로서 유명하지 않았던 아일랜드에서도 과거 10년간에 걸쳐 문화 마케팅에 의해 여행자의 수가 3배나 증가되었다.

레스토랑을 모방한 아일랜드 박물관, 세미나 시설, 아일랜드 작가의 생가 방문 등과 같은 기발한 아이디어는 계속되고 있다. 아일랜드 관광협회의 부회장 매트 맥널티(Matt McNulty) 는 1993년 3월 4일자 "유러피안"에서 다음과 같이 설명하고 있다.

관광여행이라고 할 수 없습니다. 더 좋은 문화적 체험을 바라는 사람들에 의한 광범위한 욕망의 표현이라고 할 수 있을 것입니다. 이 새로운 문화적 에너지야말로 오늘날 모든 사업의 배후에 있는 원동력입니다. 대성당, 박물관, 고성, 미술관, 이 모든 것이 변화 없는 시시한 것이며 회고적으로 과거를 돌아보는 것입니다. 최근 여행자들은 할 수 있는 것을 하지 않고서는 견딜 수 없습니다. 오늘날 여행자용 시설은 더 다양한 것을 제공하지 않으면 안 됩니다. 여행객은 바야흐로 만져보고 싶고, 듣고 싶고, 냄새를 맡고 싶어합니다. 그들은 선택해서 학습하고자 합니다.

더 한층 깊은 학습경험을 열망하는 사람들을 위해 심리적 자기수양센터나 철학적, 종교적 휴양소가 있다.

가장 유명한 자기개발 센터 중 하나가 캘리포니아주의 해안 절벽에 있는 문자 그대로 샹그리라(이상향)의 이사렌 연구소(Esalan)이다.

1960년대에 개설된 연구소는 자기개발 세미나를 100가지 이상 만들어냈다. 1996년 5월에서 10월까지의 목록에는 40회 이상의 예술과 창조성에 관한 세미나, 그리고 거의 같은 수의 심리학이나 초자아(超自我)과정이 있었다. 또한 20회 이상의 명상과정이나 정신수양의 세미나도 있었다.

그러나 프랑스인이 자신을 발견하는 자기명상이나 자기관조를 위해 미국 서해안까지 갈 필요는 없다. 파리에도 지금 100개가 넘는 철학 카페가 있고, 거기서 커피 한 잔 가격으로 소크라테스류의 대화에 참가하는 것이 가능하기 때문이다.

계속되는 레저를 위한 학습

언어적 사고 능력은 나이를 먹음에 따라 감퇴되는 것이 아니라,
오히려 증가하는 것이 가능해졌다.
매년 정보를 처리하는 속도는 점점 느려져가지만,
나이든 사람들도 충분한 시간을 가지면 젊은 사람들의
인식테스트의 결과와 거의 같은 정도의 성적을 낼 수 있다.
학습, 기억, 인식은 운동과 관련되어 있다는 것을 알게 되었다.

능력개발은 젊은이들이나 직장을 구하고자 하는 사람들만을 위한 것이 아니다. 성장에는 한계가 없다. 레저 학습 붐은 노년에 새로운 지식을 축적하고, 기쁨을 가지고 새로운 테마를 탐구하며, 건강을 유지하면서 배우는 것을 가능하게 한다.

옛날 사고방식과는 달리 이제 60세가 넘어서도 충분히 건강하게 지낼 수 있다.

맥아더 재단회장인 존 로워(John Rowe) 박사는 성공적인 고령화에 대해 1996년 2월 29일자 "인터내셔날 헤럴드 트리뷴"에 기고한 칼럼에서 "사람들은 자기 자신의 노년에 거의 전적으로 책임을 져야 하는 시대에 살고 있다"라고 이야기한다.

언어적 사고 능력은 나이를 먹음에 따라 감퇴되는 것이 아니라, 오히려 증가하는 것도 가능해졌다. 매년 정보를 처리하는 속도는 점점 느려져가지만, 나이든 사람들도 충분한 시간을 가지면 젊은 사람들의 인식능력 테스트의 결과와 거의 같은 정도의 성적을 낼 수 있다. 학습, 기억, 인식은 운동과 관련되어 있

다는 사실을 알게 되었다.

위의 사실들은, 나이든 사람들이 사교활동과 학습활동을 연결시키는 레저 학습을 행하는 것이 현명하다는 것을 뒷받침하는 것이다.

미국을 중심으로 55세 이상의 연령층을 위한 노인 호스텔(Elder hostel : 유료 양로원) 이 성공하고 있는 것은 놀라운 것이 아니다. 노인 호스텔은 그 멤버인 51개국에 걸친 1490개의 교육기관에 연결된 네트워크이다.

대표적인 숙박 프로그램은 대학의 캠퍼스를 이용하여 1~4주간 계속되는 것으로서, 대학 수준의 3개 과정으로 이루어진다.

노인 호스텔은 학습과정을 만드는 것뿐만 아니라, 회원을 받아들이고, 이들에게 적극적인 사교 프로그램을 제공할 수 있는 능력을 갖추고 있다는 사실을 자랑스럽게 생각한다. 이런 생각은 미국 보스톤의 페더럴 스트리트에 위치한 노인 호스텔의 한 회원의 다음과 같은 언급에서도 찾아볼 수 있다.

노인 호스텔은 교실에 소풍 온 것과 같은 취지가 아닙니다. 그것은 새로운 각도에서 사물을 보고 다양한 생각을 즐기고, 지구에서 멀리 떨어진 벽지에서 모험하며 활발하고 재미있는 사람들과 그런 경험을 함께 하는 것입니다.

우리들은 발전을 경제개념으로 사용해 왔다. 오늘날 그것은 학습과 레저와 건강까지 포괄하는 사회적 가치가 되었다.

공업사회에서 학습이라는 개념에 훈련이라는 중요한 의미를 추가했지만, 오늘날 탈공업화경제에서는 학습은 레저로서 새로운 것을 추구한다는 의미도 갖게 되었다.

오늘날까지 레저를 위한 학습은 교육인프라와 휴가산업에 크게 의존해왔다. 레저 학습의 동기는 과거의 전형적인 인간중심의 철학에 의지하고 있다고 할 수 있다.

  그러나 미래에 있어서 레저 학습은 더 통합화된 경제 활동이 될 것이고, 그 자체의 인프라 시장으로서의 가치를 가지게 될 것이다. 이 영역에 있어서는 많은 혁신이 기대되고, 또한 레저 학습은 현재의 교육훈련 시스템에도 다양한 영향을 끼치게 될 것이다.

맺음말 : 자기 기업의 사회

오늘날 경제활동을 하고 있는 많은 사람들에게 개인기업으로서 일을 하는 것은 준비와 위험을 감수하는 용기를 요구하는 어려운 일로, 단단한 각오가 없으면 할 수 없는 전쟁과 같은 것이다.

더욱 여러 가지 사건과 환경의 변화에 따라 이러한 삶의 방식을 받아들여야 한다는 압력은 계속 증가하고 있다.

많은 나라들에서 실업률은 고통스러울 정도로 높다. 기업은 경제가 안정적으로 성장하고 있는 때에도 구조조정을 계속하고 있다.

기술이 진보하고 유연성을 가진 숙련노동자에 대한 수요가 증대함에 따라, 오늘날 선진국경제에서 많은 노동자가 직업을 자주 바꾸고 있으며 자신의 경력을 스스로 관리하고 있다. 이 사회는 앞으로 도대체 어떻게 될 것인가?

회사계층의 이동

선진국에 있어 가치관이 다양한 방향으로 이동하고 있는 것을 관찰할 수 있다. 임금노동자의 보장과 특권이 점차 없어지고 있는 반면, 자기 기업으로서 자신을 규정하는 사람은 새로운 사회 속에서의 새로운 계층이라는 이미지를 갖게 되었다.

이것은 임금노동자들에게 있어, "열심히 하면, 그 결과 성공이 보장된다" 라는 전통적인 노동윤리가 변화한다는 것을 의미한다. 오늘날의 노동윤리는 "산뜻하게 일하고 성공전략을 잘 짜라"이다. 이런 발상의 전환은 자주 전통적인 노동자를 곤혹스럽게 만들기도 하며, 오늘날 사람들이 자격부족이나 지배적인 사회가치관을 부정하는 등의 여러 가지 이유로 노동시장에서 도태되도록 하는 원인이 되기도 한다.

실업률이 높은 나라에서는 많은 젊은 사람들이 영구적으로 사회의 저변에 있는 하층계급에 추락할 위험에 노출되고 있다. 이런 가운데 사회의 모든 사람을 통합하는 것은 미래의 가장 중요한 과제 중 하나이다.

개인생활과 전문가로서의 생활의 통합

활동인생(Viva Activa)에 있어 전문가와 사적개인의 영역을 나누는 전통적인 경계는 불분명해지게 된다. 직업에 대하여, 보다 통합적인 접근방법이 채택되게 될 것이다.

그리고 개인과 가족의 양쪽 모두를 위한 행동 포트폴리오와 발전전략을 관리하는 것이 더욱 중요하게 될 것이다.

시간 감각의 변화

봉급 생활자의 규칙적 생활 리듬은 일반적인 원칙이라기보다는 오히려 예외적인 것이 될 것이다.

매일 오전 9시~오후 5시에 동료와 함께 사무실에서 주중에만 일하고, 규칙적으로 정기휴가를 취하는 것은 점차 사라져 가는 경향이다. 시간은 더 개인적인 것이 되고 더 유연한 것으로 예술가와 같이 창조적인 일을 하는 사람들의 불규칙한 리듬처럼 될 것이다. 노동자가 프로젝트마다 계약을 맺고, 몇 명의 고용주와 고객의 일을 하게 됨에 따라 이제 시간의 가치, 인적자본, 능력개발 등이 중요한 문제로 대두하게 되었다.

지혜에의 새로운 관심

철학적 관점에서 사람들이 자신다운 방식을 발견해서 생활의 방향을 결정하도록 도와 주는 교육에 관한 관심이 증대될 것이다. 또 그 연장선에서 윤리나 라이프 스타일이 연구의 대상으로서 급속히 관심을 끌 것으로 예상된다.

개인과 가정에 대한 새로운 서비스

컨설턴트라는 직업은 개인이 목표를 어떻게 달성할 수 있을까, 인적 자본을 어떠한 방법으로 높일 수 있을까, 노동시장에서 자신의 위치를 어떻게 정할 수 있을까, 협력관계나 제휴관계를 어떻게 만들어낼까, 등등의 분야로 활동 영역을 넓혀갈 수 있을 것이다.

개인과 가족은 치료사에게 의논하고 컨설턴트의 일은 조직에 한정된다고 하는 과거의 영역구분은 이제 의미가 없게 되었다.

사회 속에서의 인적 자본과 전문가의 가치

조직에 있어 인적 자본의 개발 책임자는 앞으로, 특정의 능력개발과 교육목표를 명기한 많은 노동계약을 관리하여야 하기 때문에 그 활동 영역이 크게 증대될 것이다.

90년대에 HR(인사관리)책임자라는 지위는 구조조정이나 해고를 주로 하는 별 볼일 없는 일이었지만, 지금부터는 한층 더 전략적이고 창조적인 자리가 될 것이다.

시민으로서의 기업

회사는 대소를 불문하고 단기적이고 실리적인 손익계산의 목표에서부터 노동력의 관리를 그 주요한 목표로 추가하게 될 것이다.

즉, 기업은 노동력 개발이 사회의 목표로 되고, 직무상의 개발목표를 달성하는 것이 계약상으로도 기업을 구속하게 됨에 따라, 교육자로서의 역할을 포함하는 것으로 바뀌게 될 것이다.

실제로 무엇이 어떻게 변화할 것인가에 관한 예상들은, 이 책에서 이제껏 제시했던 것들을 집약적으로 정리한 것에 불과하다. 나는 변화라는 붓을 들고, 활동적인 인생이라는 그림도구를 사용해 다양하고 색깔 있는 그림을 그렸다. 이 책에서 표현되지 않은 부분은 '과연 미래의 생활은 더 나은 것이 될 것인가?'이다.

나는 발전사회를 살아가고 있는 사람들에게 '무엇이 좋을까'를 정의내리거나, '새로운 시민상'을 열광적으로 묘사하는 등의 이데올로기의 틀을 정해버리는 듯한 행동은 되도록 피해 왔다.

솔직히 나는 낙관주의자이지만 이 질문에 감히 대답하려고 하지 않는다. 세계의 대부분의 지역에서, 그리고 많은 종류의 일에 대해, 미래는 축복된 것으로 생각할 수 있다.

그러나 위기를 나타내는 한자가 '위험'과 '기회'의 두 의미를 가지고 있듯, 미래의 변화에 적응할 때는 다소의 고통이 수반한다는 사실을 부정할 수는 없다.

발전사회라고 해도 그 특유의 문제를 가지고 있다. 상승이나 하강에 관해서 미래학적으로 예측하는 것은 아주 어려운 것이므로 이 책에서는, 사회변화의 과정에서 특히 중요하게 부각되고 있는 윤리적 문제를 성찰함으로써 문제에 대한 결론을 맺고자 한다.

윤리적 물음들

우리들이 경험하고 있는 많은 변화를 통제하기 위해 존재했던 수많은 공적 기관들의 무능함을 보완하고, 빠르게 변화하는 사회에 대한 이해를 돕기 위해 민간기업이 윤리논쟁의 한가운데 놓이게 되었다.

기업조직은 그 규모의 대소를 불문하고 대부분의 사람들에게 인생의 주요한 구성원소인, 삶의 질 향상과 일의 발전에 중요한 영향을 미친다. 기업조직의 사회적 힘이 증대하는 것은 위험하지 않은 것인가?

독재정치에 의해 운영되는 나라처럼 노동자를 착취하고자 하는 경영인들에게 기업의 문호를 개방해도 무관한 것인가? 칼 마르크스(Karl Marx)는 정녕 죽었단 말인가?

과거처럼 민간기업의 목적이 경제 업적에만 있다고 생각해 오던 때에는 될 수 있는 대로 조직을 한가지 초점에만 맞추어 왔기 때문에 '기업문화'라 부르는 폐쇄사회를 만들어내게 되었다.

이런 폐쇄된 문화 속에서의 지도자는 개인이 무엇을 생각하고 행해야 하는지를 지시했다. 이런 사회 문화는, 개인의 기업가정신을 말살시키는 편협한 시스템으로 빠져버리기 쉽다. 몇 개의 저명한 회사들은 '강한 문화'를 가진 회사로서 몇 세대를 거쳐 닫힌 사회 시스템으로서 생존해왔다. 대표적으로 IBM사를 들 수 있었지만, 1990년대에 새로운 최고경영자 루 가스너(Lou Gerstner)가 기업문화를 근본적으로 개혁하였다.

많은 민간기업의 기업주나 리더는 지금도 이 형태의 '사회효율성'이 관리조직에 있어 최고라고 믿고 있다. 경제발전의 기준에 비추어 인간개발전략의 정당성을 뒷받침하고, 회사의 성장의 기준에 맞추어 개인의 성장을 시도하려 하고 있다.

회사가 용인하고, 그 리더가 분명히 지지하는 행동에 자신을 동일화하는 '회사로의 귀속감'을 갖도록 의식적으로든 무의식적으로든 강력히 장려하고 있는 것이다. 그러나 이런 종류의 조직의 시대는 분명히 말해 사라질 날이 멀지 않았다.

이런 폐쇄적 시스템 속의 발전은 궁극적으로는 그 속에서 활동하는 개인을 소외시키고, 사회라는 더 큰 시스템 속에서 인간의 가치를 약화시키기 때문이다. 바꾸어 말해, 사실상 이런 과정은 열린사회의 전진적인 발전에 역행하는 것이기도 하다.

민간회사가 발전하기 위해서는 달성해야 할 경제목표를 가짐과 동시에 사회목표가 있다는 것을 인식하지 않으면 안 된다. 민간기업의 발전에서 윤리적인 측면에는 눈을 감아 주는 어리석은 행동을 범하여서는 안 될 것이다.

여기서의 위험은 현실적인 개념임을 잊지 말아야 한다. 사람의 발전과 능력 개발은 우리가 생각하는 것보다 훨씬 더 쉽게 단절되거나 파괴되어 버릴 수 있다.

이 점을 설명하기 위해 반사회적 발전의 극단의 예인 크메르 루즈(붉은 크메르)에 의한 캄보디아의 공포스런 예를 들어보자.

1970년대 캄보디아에서는 폴 포트(Pol Pot)를 비롯한 크메르 루즈의 지도자 과반수가 프랑스 유학생출신이었지만 그들은 루소, 마르크스, 레닌, 모택동의 '교사로서의 국가'라는 이데올로기를 끝까지 추구하기로 다짐했다.

3년 9개월 동안 이들 범죄자들은 크메르 사람들을 집이나 도시 밖으로 끌어내어, 단지 농업만으로 평화롭게 살고 100만인의 순혈종으로 이루어졌던 고대 크메르인의 광기어린 이상시대로 시계를 되돌리고자 했다.

이 목적을 달성하기 위해서 폴 포트 정권은 500만 명의 인구 중 100만 명~200만 명의 사람을 학살했다. 대량학살을 비난할 수 있는 사람들, 이런 공포의 전술을 꿰뚫어 볼 수 있는 지식과 지혜를 가진 사람들은 모두 살해되었다. 이 나라의 교사의

90%와 승려, 목사의 90%를 학살했다.
 외국어를 아는 사람, 고등교육을 받은 사람은 누구나 심문을 받고 처벌당했다. 가족과 함께 있는 것도 금지되었고, 3살 미만의 어린 나이에 부모와 헤어지도록 했다. 학교도 금지되었다. 크메르어 자체도 왜곡되고 어휘도 변해, 사용가능 단어 수는 2000개로 제한되었다.
 이렇게 사람의 자주성을 의도적으로 파괴하는 것은, 오늘날에도 세계의 여러 부분에서 다른 이데올로기를 가지고 자행되고 있다.
 알제리아 정부를 전복하기 위해 지식인이나 언론인을 대량 암살했던 이슬람 구세전선(Islamic Salvation)이나, 아프가니스탄의 탈레반 정권도 이와 같은 예의 하나이다.
 회사에 있어서 사회적인 영향력이 미치는 범위도 이제 과거와 같이 임금노동자에 국한되지 않는다. 그것은 이제 회사가 시간제노동이나 재교육, 기술자 양성 등을 공적기관과의 계약 하에 수행하고 있기 때문이다.
 그 결과 회사의 경영자는 사회의 미래에 영향을 미치는 프로그램을 실행하지 않으면 안 되기 때문에, 학교의 교사나 선출된 의원과 같은 수준의 윤리적 의무를 지니게 된다.
 앞으로는 회사와 개인의 균형은 각각의 목표를 달성하기 위한 노동계약과 통제의 새로운 규정에 의해 달성되겠지만, 당분간 회사가 사회적 의무를 수행하는 것은 주로 자발적인 윤리관에 의존하게 될 것으로 보인다.
 선진사회에서는 분명히 개인과 가정이 대부분의 책임을 지고 있다. 따라서 선진국에 있어서 개인은, 고용의 가능성을 증대시키고 개인의 발전목표를 제시하는 새로운 사회계약을 요구할 수 있는 권리를 가진다.

　마찬가지로 우리들이 지적한 것처럼, 개인은 자기개발목표에 관한 계약내용을 수행해야 한다는 새로운 책임을 진다.

　우리들은 능력을 시험 당하는 시대에 살고 있다. 문명의 힘과 회복력은, 우리의 제도를 관리하고 변화를 주도하는 사람들의 지혜와 함께 시험대에 오를 것이다. 이와 함께 여러분과 내가 생활에 적응하기 위해 하는 선택과 다음 세대의 진취적 정신과 합쳐서 발전사회의 특성이 만들어질 것이다.

　노동을 기업으로 보고 자신의 발전전략을 창조하는 개인들로 구성된 사회는 참된 의미에서 윤리적 사회라 할 수 있다. 물론, 윤리적 문제는 새로운 것이 아니고, 윤리원칙을 체계적으로 세운 사람들이나 서구와는 다른 문화 속에서 윤리학의 원칙을 세운 사람들로부터 많을 것을 배울 수 있다.

　그러나 최후에는 윤리적 대답은 자신에 의해 주어지게 된다. 윤리의 본질은 개인이 각자 생활 경험을 통해 쌓아가는 것이고, 삶의 각 단계에서, 방향선택이나 의사결정을 하기 위한 규칙을 가지는 것이기 때문이다. 윤리는 우선 자신의 정신의 내부에서 일어나, 친구와의 대화에 의하거나, 교육을 통한 지혜의 교환에 의해 전파되는 것이 가능하지만, 윤리의 진실된 유일한 표현은 현실의 행위인 것이다.

　로마의 스토아 철학파는, 인생에서 어떤 일을 하거나 어떤 신분일지라도 '영혼의 치료'는 모든 사람에게 평등하게 적용된다고 주장했다.

　노예든 황제든, 각자의 인생에 대한 기본적인 태도를 결정하고, 다른 사람을 이롭게 하기 위해 헌신할 수 있다. 오늘날 기업을 지향하는 사람의 마음은 활동의 선택, 인생의 한 단계에서 다른 단계로 이행하는 방법, 다른 사람과의 관계 등 모든 측면에서 윤리적인 것과 연결되어 있다. 그리고 마지막으로 노동의 윤리를 요약하면 이렇게 된다. '자기는 물론 다른 사람이 발전하는 것을 돕기 위한 봉사'라고.

부록 : 메티쯔의 이념

메티조(Metizo)는 보브 오블리 (Bob Aubrey) 박사가 현재 중동 바레인과 중국 북경에서 청년 경영수련센터를 설치하여 교육을 실시하고 있는 경영 교육기관이다.

여기에 연수대상은 17~25세까지의 청소년으로서 장래 경영인이 되고자하는 학생이나 혹은 자기개발을 통해서 미래에 창의적인 활동을 하고자 하는 의욕적인 노장년층을 대상으로 하고 있다. 이 기관은 오늘날 학교기관에서 다하지 못하고 가정교육에서조차 부족한 전인교육의 함양을 위해서 실시하고 있는 가장 이상적인 청년수련도장이다. 여기에 교육내용을 보면 다음과 같다.

1. 메티조는 대학생 및 성인을 대상으로 거주하면서 공부하는 교육 프로그램을 제공한다. 메티조는 기숙사와 교육프로그램을 통합한 최초의 기업이다.

메티조 교육과정의 핵심은 대학생을 대상으로 하는 3년제 교육과정인 오디세이(Odyssey)이다. 학생들은 정규적인 학업과 병행하여 이 과정을 이수한다. 오디세이는 전인적 교육이라는 개념 하에 개인적 발전, 국제적 연구의 준비, 학업에서 직장에의 성공적인 이행을 위한 고용가능한 기술의 취득 등 다양한 배움의 장을 제공한다.

2. 메티조는 다른 연령계층을 대상으로 하는 발전과정도 있다. 예컨대 퀘스트(Quest)는 대학시험 준비생을 위한 것이고, 리더(Leader)는 청장년층, 마스터(Master)는 중년층 멘터(Mentor)는 제3차 활동인생연령층을 위한 것이다.

3. 메티조의 비전은 1988~89년 중 보브 오브리 박사가 사람들이 직장에서 어떻게 배우는가에 관하여 연구하는 과정에서 도출해 내었다.

이 책은 최고의 경영서적으로 평가되어 1991년도 프랑스 경제도서대상을 수상했고 그 후 6개 국어로 번역, 출판되었다. 그러나 오브리 박사는 그의 가장 중요한 결론은 이 책에 수록하지 않았다. 그는 교육제도가 다음과 같은 이유에서 근본적인 구조변화를 거칠 것이라고 확신하였다.

① 학습의 중요한 측면 특히 근대 이전의 교육제도의 핵심은 오늘날 유럽에서와 같이 초등학교에서 대학교에 이르는 정규적인 교실학습의 유형과는 다른 것이었다.
② 보편적인 공교육은 국민국가가 이 제도를 관리하고 경비를 대줄 때에만 성립 가능하다. 만약 정부의 자금조달이 한계에 도달하면, 이 제도는 위기에 봉착할 것이다. 협력에 기초한 새로운 관리제도가 출현하여 과거의 천편일률적인 제도를 대체할 것이다. 가정이나 성인학생 또는 고용주 등 이해당사자의 영향이 균형을 이루어 교육제도를 관리하는 새로운 모델이 출현할 것이다.
③ 우선적으로 젊은이들이 학업에만 전념하다가 직장을 가지면 이를 중단하는 경우를 생각해 볼 수 있다. 그러나 이는 인생의 전 과정에 걸친 배움의 필요성을 간과하는 것이며, 회사에서의 직업훈련도 이 필요성을 충족시키는 것은 아니다.
④ 현재 국가별 교육제도의 차이는 거의 찾아볼 수 없으며 교육제도는 전 지구에 걸쳐 하나의 것으로 형성되었다고 해

도 과언이 아니다. 따라서 선진국에서의 교육제도의 변화는 전 세계에 고루 영향을 미칠 것이다.
⑤ 교사는 대부분의 국가에서 정부의 피고용인이고 아주 잘 단결된 노동단체이기 때문에, 공무원의 신분보다 더 유리한 지위 예컨대 학교가 성공할 경우 소유지분을 늘릴 수 있는 전문직과 같은 경우가 아니면 변화에 저항할 것이다. 지위의 변화는 직업의 방어뿐만 아니라 공공서비스로서의 교육에 대한 이념적 투쟁의 근거가 될 것이다.
⑥ 변화의 결과, 교육적 가치체계에 새로 진입하는 서비스 공급자나 운영자에게도 기회의 창문은 열릴 것이다. 새로운 교육제도는 과거의 제도와 경쟁할 것이고, 혁신은 가속화될 것이다.

민간부문의 교육사업에 경험이 있는 경영컨설턴트로서 오브리 박사는 이런 여건 변화에 따라 기업을 시작할 좋은 기회가 왔다고 판단하고 관찰자에서 기업가로 변신하기로 결심했다.
오브리 박사의 목표는 기존의 교육제도를 보완할 새로운 제도를 만드는 것이었다. 기존의 제도에서는 교실이 주된 배움의 장소였으나, 오브리 박사의 계획에는 기숙사가 주된 배움의 장소가 될 것이다.
그가 지난 수년간 함께 일한 동료 컨설턴트, 기업의 지도자들, 교육가들의 도움을 받으며, 이상을 실현시킬 기회를 찾고 있었다. 1995년에 오브리 박사는 기회가 왔다고 판단하고 파리에 메티조를 설립했다. 오브리 박사는 노동시간의 절반을 할애했으며, 무보수로 이 일에 헌신했다.
2년 동안 정부기관이나 다른 교육기관과 제휴를 모색하였지만, 오브리 박사는 너무 많은 장애에 부딪혔다. 그래서 오브리 박사와 그의 동료들은 메티조의 최종수요자인 학생과 가정을 대상으로 직접 업무를 하기로 결정했다.

이것은 학생들이 대학의 교육과 병행하며 3년간 메티조의 기숙사에 머무르면서 배우는 전인적(全人的) 교육과정이다. 오디세이는 학생들에게 개인적 능력발전과정을 통해서 사회적 소양이나 사회의식, 다양한 문화적 교류와 체험, 고용인에 의해 중시되는 고용가능한 능력을 취득하도록 지도한다.

메티조의 학생들은 매년 10개월에 걸쳐 500시간에 이르는 다양한 교육과정에 참여한다. 교육과정에는 2주간의 실습훈련과 외국어 교육도 포함된다. 학생별 시간배분은 준비된 강의 계획에 따라 변경되기도 한다.

도표 12

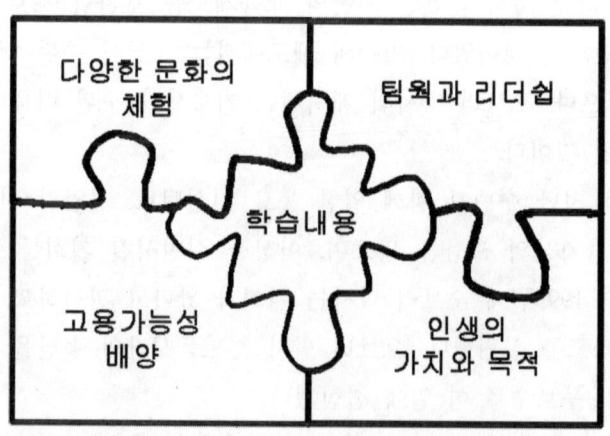

4. 1년차 : 학습능력의 배양
① **올바른 출발** : 1학년 학생은 정규학교가 개학하기 3주 전에 메티조 과정을 시작한다. 그리고 집중적인 학습방법의 교육과 오리엔테이션 과정을 받는다. 학습내용에는 다음과 같은 것이 있다.
- 고등교육에서 최대한의 것을 수확하는 방법. 고등교육기관은 어떻게 운영되는가, 그리고 학업에서의 성공법
- 학습에서의 우선순위의 결정과 학업에의 적절한 시간배분
- 개인용 컴퓨터의 사용법과 정보취득 방법(빨리 읽기와 문서관리법도 포함)
- 보고서 작성법 및 시험 공부하는 방법
- 건강, 음식, 심리적 균형, 개인 및 집단위생

② **임무** : 1학년은 힘든 작업환경에서 2주간의 실습경험을 함으로써 끝나게 된다. 학생들은 노동자계층의 가정에서 숙박한다. 그리고 그들의 행동일지와 관찰내용의 분석을 결합한 보고서를 제출하여야 한다.

5. 2년차 : 사회적 적응
① **최초의 강습회** : 2학년은 정규학교가 개학하기 전 2주 동안 팀구성 및 집단행동에 관한 집중적인 강습을 받는다. 학생들은 팀에 배정되고 일년동안 그들과 함께 공부한다.
② **지도내용** : 이 시점에서 학생들에게 집단에서의 행동에 대해 익숙해지도록 가르친다.
- 토론(모국어와 영어로 실시)
- 연극(모국어와 영어로 실시)

- 감정과 우정의 심리학
- 갈등해소
- 인터뷰하기 및 보고서 제출하기(모국어와 영어로 실시)
- 제안서(모국어와 영어로 실시)
- 표현기법(모국어와 영어로 실시)
- 무술
- 단체게임 및 스포츠

③ 임무 : 2학년 과정은 사회적 갈등을 겪고 있는 지역을 3주 동안 집중적으로 여행함으로써 끝나게 된다. 각 팀별로 갈등해소의 사례연구를 하게 된다. 우선 팀별로 목적지와 임무를 결정하고, 주어진 환경을 탐구한 후 양측의 불평과 주장을 들어보고 나서 해결책을 쌍방에 제시한다.

6. 3년차 : 인생의 목표와 고용가능성

3학년은 학생들이 학교에서 직장으로 이행하는 과정에 초점을 맞추고 그들이 무슨 일을 함으로써 사회에 기여할 수 있는가를 결정하도록 한다.

① **최초의 세미나** : 3학년 과정은 자기평가와 목표설정에 관한 세미나를 개최함으로써 시작된다.

② **비전과 윤리** : 인생의 목표와 의무를 탐구한다.

③ **오늘날 세계의 당면과제**
- 3학년의 모든 학생은 오늘날 세계적 당면과제의 해결책을 제출하여야 한다(모국어와 영어로 실시).
- 인도적 차원에서 어떠한 자원과 원조를 동원할 수 있으며, 그것으로 어떻게 문제를 해결할 수 있는가?

④ **임무** : 오디세이 과정은 인도적 목적을 가진 3주간의 집

중적인 임무를 수행함으로써 끝나게 된다.

7. 메티조의 졸업장은 메티조에 의한 일종의 자격보증서이다.
그것은 이 과정을 수료한 학생이 성공적인 인생활동을 위한 능력과 자질이 뛰어나고, 그들 자신을 잘 알며, 다양한 사회적 상황하에서 침착성을 유지할 수 있고, 개인적 목표 및 사회적 헌신에 관하여 많은 것을 생각했다는 증명서이다.

메티조 졸업장의 가치는 학생들이 학교로부터 직장으로 이행할 때 큰 도움이 된다는 데 있다. 또한 개인적 발전과정을 수료함에 따른 내재적 성취감도 존재한다.

메티조 졸업장은 한 조각의 종이에 불과한 것은 아니다. 그것은 학생들이 자기 기업화에 대한 감각을 소유하고 있다는 것을 나타내주며, 학생과 메티조 간의 교육계약에 관한 평가결과를 보여 준다.

고용인에게는 메티조 졸업장은 다음과 같은 중요한 문제에 관한 해답을 제공해 준다.
- 개인의 정체성, 자기 이미지, 배경
- 개인의 가치, 목표, 신념
- 개인의 특별한 능력과 기술, 재능
- 개인의 직업계획과 인생의 계획

졸업장은 단지 평가기록표를 의미하는 것이 아니다. 학생들은 대중연설을 할 때나 인터뷰를 할 때 의사소통을 잘할 수 있어야 한다. 단지 평가기록표라면 학생들은 그 내용을 수정할 수도 있겠지만, 메티조의 요구사항에 대한 평가나 메티조 교수들의 추천서를 수정할 수는 없을 것이다.

역자 보론

본서의 번역동기

역자가 '자기 기업화'에 관한 저술을 접하게 된 것은 나의 오랜 친구인 프랑스 ESSEC 경영대학의 교수 자르달(D. Xardel) 박사의 추천이 계기가 되었다.

이 책의 저자인 보브 오브리(Bob Aubrey) 박사는 이 책을 번역하면서 알게 되었지만 나의 파리 대학 동문으로, 그의 경영철학에 동감하는 바가 적지 않았다. 또한 오브리 박사가 경영이론의 실천 도장이라고 할 수 있는 메티조(Metizo) 경영연수원을 중국에 설립하여, 청소년을 수련시키는 것을 봤다.

이미 중국에서는 본서를 20판 출간했고, 자본주의적 개혁으로 구매력 차원에서 일본에 상응하는 세계 3위권에 진입함으로써 경제대국을 모색하는 중국은 자기 기업화이론을 적절한 시기에 만난 자본주의 복음서로 보고 있다. 본서는 오브리 박사의 경영철학이며, 또한 가치의 산물이다.

그는 몸소 자수성가한 사람으로, 보기 드물게 미국태생으로 프랑스에 이주하여 성공한 분이기도 하다. 이미 이 책이 일본 사회에서도 상당히 반응을 일으켰다.

예컨대 금년에 세계 최고경영자(CEO) 가운데 명성을 떨치고 있는 일본 닛산 르노(Nissan-Renault) 자동차 신임회장 카를로스 곤(Carlos Ghosn)이라든지, 80대 현역으로서 불과 3명의 직원을 이끌고 500만 부의 판매 부수를 구가하는 출판사 대표 등의 사례는 국경과 연령을 초월한 현역기업인으로서 불안정하고 또한 불확실한 산업사회에 대처하는 데 참신한 영감을 주고, 시사하는 바가 커, 일본에서 유익한 저술로 평가되고 있다.

따라서 우리는 경제개발 40년을 지내고 더욱이 IMF를 경과하면서 새로운 경제사회에 직면하여 방황하는 젊은 세대, 퇴직한 장년세대 그리고 장수하는 노년세대에 공히 본서는 의미 있는 지침서가 될 것으로 판단하여 본서를 번역하게 되었다.

라이프 사이클(Life Cycle)의 변화와 적응

마이크로 소프트사의 빌 게이츠 회장은 개발시대에는 품질(Quality)로 경쟁력을 구사했지만, 이제 세계화를 맞는 새로운 세기에는 속도(Velocity)로 경쟁할 것이라고 주장하고 있다.

20세기까지만 하더라도 라이프 사이클의 구도는 제1기 성장기(0~25세), 제2기 활동기(26~60세), 제3기 여생(61세~)의 3단계를 구분하여 인생을 영위해 왔지만, 21세기 예상되는 라이프 사이클은 의료시혜의 발전, 산업설비의 자동화, 통신정보의 현대화, 그리고 서비스 산업의 증대와 지식기반 산업으로의 전환과 장수시대를 맞게 되어 세대를 초월한 의욕과 능력 위주의 경제활동을 발휘하는 환경을 갖게 되어 우리의 경우 인생의 활동기는 25세부터 55세까지 전반기, 55세부터 75세까지 후반기로 나뉘어 사회활동의 기회가 확대하게 되었다고 본다.

즉, 수량적 연령(Chronological Age)으로는 6·70대가 되어도 정신연령(Intellectual Age)은 백두의 청춘인 2·30대가 있는가 하면 비록 2,30대의 청년이 홍안의 노년과 같은 무력한 경우도 있다. 다시 말하면 50대의 명퇴자가 있는가 하면 80대의 현역이 있다는 것이다.

최근에 국제인구회의를 주관하면서 일본의 국제가족협회 총재인 도시오 구로다 박사를 초청하여 기조연설을 부탁하였다. 그는 92세의 현역으로서 비서도 없이 혼자 일본에서 와서 훌륭하게 회의를 마치고 돌아갔다. 은퇴 계획을 묻는 나의 질문에 그는 이렇게 대답하였다.

"일본의 인구협회 회장은 104살이고 부회장은 102살이다".

일본사회에서는 정부가 생활대국을 표방하고 노인천국을 실현코자 하여 본인의 의사가 아닌 이상 현역에서 퇴출시키는 관행은 적다고 했다. 물론 공무원이나 금융기관에서는 정년제도가 있지만 이러한 반관반민의 연구기관과 협회 등 사회단체에서는 노인우대가 확연하다고 본다. 이제 연령의 개념은 의미가 없다. 다만 무엇을 하느냐의 과업에 달려있을 뿐이다.

전통사회의 가치체계의 변화

해방 후 우리사회에는 그래도 3가지 사회적인 가치가 있었다. 하나는 서울대학교 졸업, 둘째는 삼성 등 재벌기업에 취업, 셋째는 은행이었다. 이는 사회적 명예나 생활 면에서 그런대로 안정을 보장하는 젊은이의 희망사항이었다.

그러나 한국이 IMF와 구조조정을 겪는 과정에서 젊은이의 대량 실업이 나타나고, 심지어 매년 20만 명이 넘는 대졸 출신 중에서 취업이 3분의 1도 되지 않아 매년 누적된 학사출신 실업자가 수십만에 이르고, 심지어 박사학위 소지자 4만 명 가운데 2만 5천 명만 간신히 일자리를 얻고 나머지 1만5천 명은 실업상태이다.

이제는 서울대를 나와도 취업이 보장되지 않는 사회가 되었다. 또한 한국의 간판기업이라고 할 수 있는 삼성을 위시한 재벌기업 역시 세계적인 구조조정을 감행하면서 많은 엘리트가 명퇴를 맞는 실정이고 과거에는 은행에 들어가기만 하면 직장이 보장되었지만 IMF 이후 은행의 합병 등 감원과 심지어 임기를 채워도 55세 한창 활동을 할 시기에 끝내야 한다.

　이것은 새 시대에 요구되는 라이프 사이클에 맞지 않다. 과거 한국의 사회가치는 경제사회변화로 붕괴되어 가고 있으며, 이제 새로운 사회환경에 적응해야하는 실정에 있다.

　여기에서 자기 기업화의 이론은 시사하는 바가 크고 과거와 같이 기업과 단체에 목메고 살 수 없으며 자기 자신의 기업창업과 활로모색을 통해서 자기의 재능과 희망에 맞는 일자리를 찾고 사회에 기여하는 다양한 직업을 만들어가야 하는 시대에는 본서가 좋은 파트너가 될 것이다.

IMF 이후 직업의식의 변화

　우리 나라는 IMF 이전에 국민의 상위 20% 고소득자와 하위 20% 저소득자의 소득격차 4대 1이던 것이 IMF 이후 9대1로 부익부 빈익빈의 격차가 더 심화되었다.

　결국 고소득자의 소득원은 봉급생활자의 근검절약을 통한 저축형성으로 축적하는 전통에서 저금리시대에는 재테크를 통해서 부동산 투자, 주식투자, 채권투자 등으로 부를 축적하는 사례가 과거보다 더욱 보편화되었다. 반면에 저소득자는 점점 사회비용이 증가되는 사교육비, 문화비, 물가 등에 밀려 가난의 악순환을 거듭하는 2중구조의 불균형사회로 가속화되고 있다고 본다.

　이제 노동시장의 취업환경은 물론 생활대책을 위해서 직장을 찾고 있지만 실제로 직장을 찾은 후에도 그들은 평생직장으로 자기생애를 바칠 생각은 전혀 없다. 그래서 어느 정도 경력과 사회경험을 얻은 다음에는 더 나은 직업환경을 선호하고 그리고 조그마한 장사라도 자기 것을 하고 싶다는 분위기로 이전되고 있는 실정이다.

여기에 자기 기업화의 이론은 시대적 여망에 부응하는 지혜이기도 하다. 아직도 한국사회는 창업을 통해서 자신의 입지를 구축하기에는 어려운 경제여건이지만, 성공한 사례도 적지 않다. 급속히 증가하는 3차 서비스산업에 진출하는 벤처 기업인을 위시하여 최근에는 60대의 노년기의 창업활동도 증가하고 있다.

역자가 1993년 6월 22일 이탈리아를 방문하여 당시 스칼파로 대통령을 면담했을 때 그는 이렇게 말했다. 이탈리아는 정권이 2차 대전 후 무려 40차례나 바뀌었다고 한다.

우리 나라의 경우는 이승만 박정희 전두환 노태우 김영삼 김대중 정권 등 6차례 바뀔 때마다 경제환경이 바뀌는 경험을 했지만, 이탈리아의 경우는 정권이 40차례나 바뀌어도 전혀 경제는 변함이 없고 오히려 영국보다 경제기반이 튼튼하다고 했다.

영국은 1976년 칼라한 수상 때 외환위기를 맞아 IMF 관리하에 들어간 경력이 있지만 이탈리아는 그렇지 않았다. 그 이유를 대통령은 이렇게 말했다. 이탈리아에는 재벌기업이 하나도 없다. 90% 이상이 가업(家業)인 영세한 중소기업이다. 아버지가 사장, 어머니가 경리, 자녀들이 판매와 생산을 하여 구두, 가방, 넥타이, 여자 액세서리, 카푸치노 커피, 스파게티 소스 등 수만 가지를 생산하여 외국에 수출하고 있기 때문에 정부와 결탁하여 정경유착을 할 필요가 없다고 했다.

나는 이것이 자본주의의 뿌리라고 생각한다. 우리 나라도 이와 같이 재벌, 중견기업, 중소기업이 서로 조화를 이루면서 한국경제를 발전시켜야 한다고 생각했다.

따라서 이러한 시대적인 경제사회의 변화에 따라 창업희망자가 증가하는 것은 바람직한 현실이고 정부는 이러한 분위기를 장려하여 성취할 수 있도록 모든 정책을 강구하는 것이 실업문제도 해결하고 또한 다품종소량전략으로 상품경쟁력을 높일 수 있는 계기가 될 수 있다고 본다.

신자본주의와 기업가정신

영국 캠브리지 경제학파의 태두인 알프레드 마샬(Alfred Marshall)은 자본주의와 기업가 정신을 언급하면서 자본주의는 그 발전과정에서 빈부의 격차가 생기게 마련이고 이로 인해서 노동자의 분쟁이 나타나서 결국 사회주의로 전향하고자 하는 유혹을 받게 된다고 했다.

이것을 방어하는 것이 기업가이며 기업가는 국가의 최대과제인 복지의 원천이라고 할 수 있는 직장을 만들고, 소비자에게 필요한 생필품을 제공하고, 지역경제를 구축하고, 세금을 내어 국가운영을 돕는 다양한 기여를 하는 것이다.

따라서 기업가는 기업성장을 통해서 그 이익을 사회에 환원함으로써 사회주의로 전향하고자 하는 유혹을 방어한다. 이것이 소위 경제적 기사도(Economic Knight)라고 주장했다.

또한 근대 경제학에서 시카고학파의 좌장인 밀턴 프리드만(Milton Friedman)은 기업가정신을 논의하면서 기업가는 고아원이나 양로원에 돈을 기부하기보다는 자기 기업의 재무구조를 튼튼히 하고 고용을 창출하고 납세를 하는 그 자체가 기업가정신이라고 했다.

어떻든 현대국가의 임무는 두 가지라고 볼 수 있다. 크게는 외국침략, 적게는 국내의 도둑을 막는 안보(National Security)와 둘째는 유아, 노인, 취약자 등에 생활보호, 교육기회, 의료시혜를 보장해 주는 복지(Social Security)라고 할 수 있다.

그러면 최대의 복지는 무엇인가? 이것은 단순한 배급보다도 일하고자 하는 사람들에게 일자리를 주는 것이다. 일할 수 있는 경제활동인구는 인구의 절반 가까운 숫자이다. 정부는 전체 일자리의 5%미만을 제공할 뿐이며 나머지 95%는 사기업에서 얻게 된다.

그래서 기업을 운영하는 것은 자본주의 사회에서는 애국자라고 할 수 있다. 그러나 우리 나라는 불행히도 이조 500년간 사회계층이 사농공상(士農工商)으로 뿌리 박혀 기업가가 존경받지 못했다. 선진국에서는 200년의 자본주의 역사를 가지며 자본과 기술이 축적되어 있는 것에 비하면, 일천한 우리 경제가 그래도 세계 10위권의 무역을 하고 있는 것은 그 잠재력을 갖고 있다는 것이다.

그러면 고용기회를 넓이고 완전고용을 달성하는 길은 선진국의 경우 미국에서는 3억 인구에 기업체가 약 1500만 개로서 인구대비 기업체수가 5%에 달하고, 일본 역시 1억 2천 700만 인구에 650만 개의 기업체가 있어 약 5%에 해당하여 선진국의 경우는 영국 프랑스 독일 이탈리아 등이 3% 이상이지만, 우리 나라는 4700만 인구에 5명 이상의 법인 기업체 수는 약 50만 개로 인구대비 기업체 수가 1%에 그쳐 창업 분위기가 어렵다는 것을 보여 주고 있다.

MIT대학의 데이비드 멀춰 교수는 미국의 고용창출의 1/3을 밴텀(Bantam)기업이라고 불리 우는 피고용자 20명 내의 소기업이 담당하고 있다고 한다.

우리는 이탈리아와 같이 자영업자의 길을 열어 주고 중소영세기업을 육성하는 것이 실업대책의 관건이고, 가업을 택하는 것이 가장 현명한 것이라고 판단되도록 제도적 보장을 하여야 할 것이다.

이러한 기업을 통해서 다만 몇 명이라도 취업기회를 주는 것이 애국이고 기업가 정신이다. 미국에서는 가스 충전소를 만들어 단 2명의 고용창출을 이룩하여도 그 지역에서 유지급 대우를 받는다.

따라서 우리 나라도 이와 같은 사회변화가 새로운 활력을 가져 올 수 있을 것이다.

생애활동의 새로운 패턴

이상에서 열거한 바와 같이 우리가 살고 있는 세태는 과거에 전혀 경험하지 못했던 생활방식이다. 예컨대 인구면에서 보면 1970년대에는 우리 나라 가임여성이 일평생 낳는 자녀수인 합계 출산력이 평균 4명이었으나 오늘날에는 1.42명으로 두 사람이 가정을 이루어 본전도 안 되는 한 명 남짓하게 낳기 때문에 소자녀화가 되어가고 있다. 반면, 노인 인구는 점점 장수화되어 전체인구의 7.2%가 넘어 머지않아 14%, 금세기에 30%까지 올라감에 따라, 과거 인구구조인 피라미드형에서 역피라미드형으로 전환하여 우리 나라 생산활동인구가 평균연령 33세에서 금세기 중반에 48세로 상향조정됨으로써 생산성이 감소될 우려가 있다.

여성의 사회진출이 증대되고 고학력화되어 여성의 초혼 연령이 과거 22세에서 이제는 26세 혹은 30세를 넘기는 만혼시대를 맞게 되었다. 그리고 과거의 종신고용제도가 사라져가고 봉급생활자의 의식구조는 변화되어 형편이 되면 남녀노소를 불문하고 더 나은 일자리로 이동하든지 자기 일을 하고 싶어하는 추세로 발전되고 있다.

사실 봉급생활자는 55세를 전후해서 퇴직하게 되면 과거에는 평균수명이 짧아 환갑을 고비로 인생을 회고하고 여생을 누리던 농경시대가 있었지만 이제는 80대를 바라보고 노년기 경제활동에 대한 의혹이 왕성하기 때문에 자기 일을 평생 하고자 한다.

그렇다고 한다면 결국은 인생의 성장기를 지나고 나서 자기의 개성과 재능과 경험을 토대로 창업을 하고 창작을 하는 것이 가장 보람된 생애가 아니겠는가?

라이프 사이클의 활동후반기에서 자기 것을 찾아서 자기 기업화한다는 것은 본서가 강조하는 대목이다. 사실 60대 창업하는 기업인의 장점을 들어보면 60대는 20대 못지 않게 전문화된 지식이 있고 그동안 사귄 인맥, 저축한 자금이 있기 때문에 20대 학교를 갓 졸업한 청년에 비해 못하지 않은 자격조건을 갖추고 있다.

우리 나라 기업의 역사를 봐도 효성그룹을 창업한 조홍제(趙洪濟) 회장은 58살까지 삼성 이병철 회장과 사업을 하다가 삼성을 떠나 60세 가까이 되어서 자기사업을 이루고, 오늘의 효성그룹, 한국타이어, 대전피혁의 대기업을 형성하여 22년간을 생애사업을 성취한 귀감이 되는 대기업가이다. 코오롱 그룹을 창업한 이원만(李源万) 회장은 61세까지 정치에 몸담았다가 기업으로 변신한 이후 오늘의 코오롱을 이루었고, 김향수(金向洙) 회장도 60세가 넘어 반도체를 창업하여 오늘의 아남산업을 키운 대기만성의 기업인이다.

이러한 사례는 맥도날드를 위시하여 외국의 여러 곳에서 볼 수 있다. 일례로 영국에서 18개의 잡지사를 경영하는 어떤 잡지왕은 60살이 넘어 사업을 시작하였다. 그의 자서전은 "인생은 60 이후부터 (After Sixty)"라는 제목을 내걸고 있다.

이러한 생애사업의 꿈을 간직하고 기회를 찾는 뜻 있는 사람들에게 이 한 권의 책이 자신의 인생을 바꾸는 전환점의 기폭제가 되기를 바라면서 역자 보론을 마치고자 한다.

여러분에게도 행운이 있길 빈다.

셀프컴퍼니
ISBN 89-952247-2-X-03330
정가 9,000원
* 잘못 만들어진 책은 교환해 드립니다.
1판 1쇄 인쇄: 2002년 1월 25일
1판 1쇄 발행: 2002년 1월 30일
2판 1쇄 발행: 2006년 4월 10일
저자: 보브 오브리 / 역자: 박은태
발행인: 박은태
발행처: 도서출판 ㈜경연사
등록번호: 제 17-295 호
서울특별시 강동구 성내2동 163-16 경남빌딩 702호
파주출판도시 경기 파주시 문발리 교하읍 507-10
전화: 02-488-0174~5 / 031-955-7654~5
팩스: 02-475-3195
이메일: kipp0175@hanmail.net
웹사이트: www.genyunsa.com